Martín Godio

StringWalking
El arte del ARCO RASO

Arquería 5

Martín Godio

Godio, Martín Lisandro
 StringWalking : el arte del Arco Raso / Martín Lisandro Godio.
 - 1a ed . - Bahia Blanca : Martín Lisandro Godio, 2018.
 210 p. ; 21 x 15 cm. - (Arquería ; 5)

 ISBN 978-987-42-9948-2

 1. Arquería. 2. Tiro Deportivo. 3. Competencia Deportiva. I. Título.
 CDD 799.32

Todos los derechos reservados. No se permite la reproducción total o parcial de esta obra, ni su incorporación a un sistema informático, ni su transmisión en cualquier forma o por cualquier medio (electrónico, mecánico, fotocopia, grabación u otros) sin autorización previa y por escrito del titular del copyright. La infracción de dichos derechos puede constituir un delito contra la propiedad intelectual.

Fotos de tapa y contratapa: Adrián Antunes

Copyright © 2018 Martín Godio
Todos los derechos reservados
ISBN 978-987-42-9948-2

DEDICATORIA

A mis padres, Dora y Lucho; y a mi familia, Sandra, Florencia, Luciana y Nicolás.

AGRADECIMIENTOS

A mis amigos, sin cuya ayuda nunca podría haber llegado tan lejos. A Norberto Grandinetti, mi maestro y amigo por más de 30 años. Un especial agradecimiento a Berti Ferruccio que, a la distancia, estuvo siempre dispuesto a compartir sus conocimientos y me dio la clave que me permitió, aún sin pulgar en mi mano derecha, disfrutar del StringWalking. A Roberto Curvetto, Adrián Antunes, Darío Monroy, Jonatán Postemski y los muchos compañeros de entrenamientos y torneos, amigos siempre dispuestos. Especialmente a Mauro De Mattia y Kevin Sábado por su ayuda para mejorar mi forma de tiro. Mi agradecimiento para Aidan Langley, Martin Ottosson, Rick Stonebraker y Cinzia Noziglia. Por último, pero no menos importante, a Fernando Baragaño, Marcelo Larrea, Gustavo Montaigne, María Virginia Bianchinoti y Florencia Godio, que se tomaron el trabajo de leer el libro de punta a punta, aportando correcciones fundamentales.

ÍNDICE

ÍNDICE 1
Introducción 5
Módulo 1 9
Arco Raso 11
   Reglamento y revisión de equipo 12
   El arco 13
Apuntando sin mira 17
   Técnica para caminar la cuerda 20
Funcionamiento del arco 25
   Funcionamiento del arco con un agarre constante 25
   Largo del arco 29
   Funcionamiento del arco en StringWalking 30
   Spine y StringWalking 33
La elección del equipo para StringWalking 37
   El arco 37
   Las palas 39
   Largo del arco 41
   Potencia del arco 42
   El riser 44
   El grip 46
   Equilibrio y peso del arco 48
   La Cuerda 51
   El rest para StringWalking 52
   El button 56
   Las flechas 57
   El tab 61
   Accesorios del arquero 62
Módulo 2 63
Preliminares 65
Tiller estático 67
   Puesta a punto del tiller 70
   ¿Cómo se regula? 71
Brace Height 73
   Importancia 74

Ajuste 75
Puesta a cero **79**
   Potencia 79
   Ajuste del nock 79
   Nocking point 81
   Centershot 83
   Listo para empezar a tirar 85
Módulo 3 ....**87**
Puesta a punto para StringWalking **89**
   Agarres y distancias 90
   Agarre promedio 93
Factores de la Puesta a Punto **95**
   El arquero 96
   La flecha 96
   El arco 101
Puesta a punto **103**
   Pruebas iniciales 103
   Prueba con flecha desnuda 107
   Ajustes 108
   Ajuste vertical 109
   Ajuste horizontal 110
   Interferencias 113
   Ojímetro 114
   Controles 115
Corrida o agarres **117**
   Distribución de las corridas 121
Tiller Dinámico **123**
   Un método 124
   Otro método 126
Tirar con el ajuste básico **127**
Ajustes avanzados **129**
   Un método 129
   Otro método 131
   Buttons 133
   Otras pruebas 134
   Análisis de la corrida 135

Grupos	135
Módulo 4	**137**
Consideraciones	**139**
Competencias	**141**
Juego de Campo	141
3D	146
Torneos de Sala o Indoor	149
Aire Libre	152
Equipo	**153**
Calzado	153
Vestimenta	154
Óptica	155
Posa-arco	157
Carcaj	157
Cinturón y/o mochila	158
Comida	159
Consideraciones finales	160
Medir distancias	**161**
Métodos generales	162
Distancia en Juego de campo	166
Engaños y confusiones	168
Trampas, pero no tanto	168
Dificultades de tiro	**171**
Tiro en desnivel	171
El piso	173
Sol y viento	173
Segundo y tercer tiro	174
StringWalking + Gap	**175**
Corrida fija	**179**
Mi Tab	**181**
Nota final	**183**
Glosario	**185**
Bibliografía	**193**
Acerca del autor	**195**
Tarjeta auxiliar	**199**

Martín Godio

0.0

Introducción

Hace unos años inicié esta serie de libros con el fin de ofrecer una pequeña colección que cubriera, lo mejor posible, todos los aspectos de este deporte. En este quinto volumen analizaremos el StringWalking, una de las técnicas más complicadas y menos comprendidas de este deporte. Si bien es en esencia una técnica de apuntado, su complejidad y los cambios que produce en el funcionamiento del arco, hacen que sea una compleja forma de tiro. El lanzamiento de este libro coincide con un aparente crecimiento de la categoría. Cuando comencé a competir, allá por el 2005, en cada competencia, los rasos, éramos a lo sumo media docena (en Argentina). En la última competencia de la que participé éramos 24. Ocurre lo mismo a nivel mundial, a principios de este siglo el StringWalking era casi un arte oculto. Solo se podía encontrar algunos trabajos en catalán, castellano e italiano y casi no había información. Hoy, en cambio, los mundiales de Juego de Campo y 3D son acontecimientos de gran importancia, con cobertura mundial y con participación de gran cantidad de países. Este año, además, la categoría ARCO RASO fue incluida en la serie mundial de Indoor. Por todo esto, creo que el ARCO RASO y el StringWalking están en pleno crecimiento.

Si bien en la categoría ARCO RASO de World Archery se puede utilizar cualquier técnica de apuntado sin mira, la técnica más utilizada es la conocida como StringWalking o "caminar la cuerda". En esta categoría, el arco puede tener muy pocos accesorios y carece de mira para apuntar. Esta simplificación, lejos de hacer el tiro más simple, lo convierte en algo muy complejo si queremos lograr precisión. Replanteando los conceptos de John Gall, en su libro "Sistemánticas", **"el nivel de complejidad de cual-**

quier sistema, en este caso el sistema arco-flecha-arquero, es siempre constante". De esta manera, si el arco es complicado, el tiro será simple. Pero, cuando el arco es simple, como este caso, tirar con él con precisión se vuelve muy complicado.

El StringWalking es una técnica mucho más precisa en competencias, que las otras disponibles. Consiste en tomar la cuerda del arco en distintos puntos de acuerdo a la distancia a la que esté el blanco. De esta manera, podemos apuntar utilizando la punta de la flecha a modo de mira. Como contrapartida al tomar desde distintos lugares de la cuerda (distintos agarres), el arco se ve sometido a un gran esfuerzo, ya que muchos de sus parámetros van cambiando tiro a tiro, al variar las distancias. Por ello, el correcto ajuste del arco es más complicado, debemos ajustarlo para que funcione más o menos bien con todos los agarres, si queremos obtener buenos resultados.

Para poder hablar de StringWalking, primero definiremos que es el arco raso, las condiciones de esta categoría y las otras formas de apuntar sin mira. También, analizaremos el funcionamiento del arco, tanto en condiciones normales como al tirar con StringWalking. Consideraremos, asimismo, los criterios para la elección del equipo; el arco, su largo, potencia y equilibrio. También, otros componentes, el rest, el tab, las flechas, etc. Detallaremos cómo registrar los distintos parámetros de nuestro equipo, brace height, tiller estático y dinámico, nocking point y puesta a cero; para adaptar el arco para el tiro con StringWalking. Se analizarán las distintas opciones de Puesta a Punto y los factores que podemos variar para ajustar el arco y las flechas a las distintas distancias de tiro, regulación del button, etc.

El StringWalking es más un arte que una ciencia, ya que la puesta a punto, corridas (cambio de agarres) y configuración deben ser establecidos por prueba y error. Esto es así porque están condicionados por diversos factores como la forma de tiro, diseño del riser, diseño de las palas, las flechas, etc. Todo esto determinará la configuración que nos dé los mejores resultados. Por ello, en StringWalking, ningún principio es inamovible. De la misma manera, lo que funciona para un arquero, puede no funcionar para otro. La puesta a punto es algo muy personal, el tirador afecta el spine dinámico de la flecha de diferentes maneras. La única forma de saberlo, es comprobarlo en forma práctica a lo largo de cierto tiempo y confirmarlo constantemente. Con un poco de trabajo, se pueden lograr excelentes resultados. Es difícil explicar la sensación de ver volar las flechas con precisión, cuando uno ha puesto a punto el arco en forma adecuada y este se comporta en forma lógica.

Por último, toda esta puesta a punto es solo una ayuda para lograr buenos resultados en StringWalking. Lo fundamental sigue siendo el arquero y su tiro.

Debe quedar claro que el mejor arquero, con el peor equipo, obtendrá mejores resultados que el peor arquero, con el mejor equipo. No es un juego de palabras, es una realidad que muchas veces resulta difícil de aceptar. Es más fácil culpar a las flechas, al arco, al contrapeso, etc. que corregir nuestros errores de tiro y/o entrenar lo suficiente. Esto es lo más importante y es precisamente lo que hace de este deporte uno de los más apasionantes, lograr una buena forma de tiro, sin importar el arco que uno utilice es fundamental. El arquero solo tiene que repetir su tiro, igual todas las veces, y eso se logra con una técnica que sea biomecanicamente eficiente. Los defectos en la técnica, por mejor que tratemos de hacerlos son más difíciles de repetir. Entre los arqueros rasos podemos encontrar diversos estilos de tiro, algunos francamente "únicos". Sin embargo, cada día se va comprendiendo más la importancia de tener una forma de tiro eficiente. Durante años, se pensó que el arquero raso debía tirar de forma diferente, debido a la posición del anclaje, las necesidades de alcance máximo, etc. Sin embargo, esto no es así, el arquero raso se beneficia de las técnicas de tiro más avanzadas como la NTS, el Método coreano o el de Kim Hyung Tak. Solo hay que adaptarlo a las características del arco raso. Es muy simple, ajuste el equipo en forma adecuada y, sobre todo, perfeccione su técnica de tiro, así logrará los mejores resultados.

NOTA: Parte de la información de este libro y algunas fotos coinciden con las publicadas en mis libros anteriores **"Introducción a la Arquería", "Manual de Armado y Puesta a Punto del Arco Recurvado", "Manual de armado y reparación de Flechas"** y **"Manual de Cuerdas"**. Esta repetición es necesaria e inevitable para que este libro pueda ser leído como una unidad, sin necesidad de recurrir a los libros anteriores para consulta, aunque en algunos casos esto puede ser necesario y/o aconsejable.

Módulo 1

FUNDAMENTO TEÓRICO-PRÁCTICO

Martín Godio

1.0

Arco Raso

Dentro de las categorías habilitadas por World Archery para competir en arquería, la categoría RASO presenta retos muy interesantes. En esta categoría se compite con arcos recurvados a los que solo se pueden agregar unos pocos accesorios. El arquero raso no puede utilizar la mayoría de las ventajas de otras categorías, como mira, clicker o sistemas de estabilización. Tampoco tiene las ventajas técnicas del compuesto con su alivio en la potencia mientras apunta a través de la mira con aumento, ni puede utilizar disparador.

El arquero raso solo tiene su arco con algunos contrapesos y la punta de la flecha para apuntar a distancias que van desde los 5 metros hasta los 50 metros (Aire Libre y Juego de Campo). Lo más notable es que, con esas limitaciones, se logran excelentes resultados, si el arquero hace su trabajo. El fin de semana del 24 y 25 de marzo de 2018, en la 32° edición del Trofeo Casarza Ligure, la arquera italiana Cinzia Noziglia hizo historia, batiendo dos records nacionales en la categoría ARCO RASO femenino. Por un lado, batió el récord italiano de Indoor en la distancia de 25 metros al lograr una puntuación de 566 sobre 600 puntos posibles. Y además,  superó el record italiano sobre la doble distancia Indoor de 25m y 18m con un total de 1.093 sobre 1.200. Cabe aclarar que en esta competencia en particular se tira a 18m sobre blanco multicolor de 40cm y a 25m sobre un blanco igual, pero de 60cm.

Reglamento y revisión de equipo

Para poder competir en esta o cualquier otra categoría habilitada por World Archery Argentina, debemos ajustarnos a los reglamentos vigentes. Es fundamental conocerlos y entenderlos para no tener problemas y/o disgustos a la hora de competir. Cualquier parte del equipo que los jueces consideren prohibida para la categoría, puede dejarnos fuera del torneo.

Debemos ser cuidadosos en ajustarnos a los reglamentos, en todos los puntos. Además del peligro de ser descalificados del torneo, si algo estuviera dudoso o demasiado cerca del límite reglamentario, es probable que tengamos una discusión con los jueces. Aunque estos nos den la razón y, al final, ganemos, los nervios y la adrenalina de la misma discusión afectaran nuestro posterior desempeño deportivo. Esto ocasionará que perdamos puntos en las primeras tiradas, hasta que nos calmemos nuevamente. Por eso recomiendo asegurase, con tiempo, que el equipo no presente objeciones para la categoría. Cabe aclarar que, como toda reglamentación, siempre hay interpretaciones y puede haber problemas. Existen ítems que algunos jueces aceptan y otros no. Debemos ser cuidadosos de confirmarlos.

El arco

Se puede usar cualquier arco recurvado con mango o riser central (que posea una ventana lateral), con dos palas flexibles y una cuerda única, fijada a cada extremo de las mismas. La condición fundamental para esta categoría es que el arco completo, con todos sus accesorios colocados, debe pasar por un aro cuyo diámetro interior debe ser de 12,2cm (± 0,5 mm). El arco debe estar "desnudo", es decir que debe tener un mínimo de accesorios. Solo se permite usar un rest que no debe tener marcas encima del nivel de la flecha y un button. El punto de presión no podrá estar situado a más de 2 cm hacia atrás desde la empuñadura (punto de pivote) del arco. Los contrapesos, deben estar montados en la mitad inferior del mango. Todos esos pesos, sin importar su forma, deben estar montados directamente sobre el mango, sin extensiones, conexiones de montaje angular o dispositivos de absorción de impacto. Se permiten amortiguadores del tipo Limbsaver, siempre que estén montados sobre las palas, nunca en el riser.

El arco tampoco puede tener marcas, protuberancias o defectos en la cara trasera de la ventana o dentro de ella. Si las tuviera deberá taparlas con una cinta de color uniforme. Esto es porque el arquero podría utilizar estas líneas del laminado de la madera o estas letras como referencia para apuntar, sirviendo de referencia de altura para determinadas distancias.

La cuerda puede tener cualquier número de hilos y ser de cualquier color, con un servinado central y nocking points. Este servinado tampoco debe tener marcas que ayuden a encontrar los distintos agarres con el método de String-Walking. La parte superior del servinado central, no debe terminar dentro del campo de visión del arquero, estando el arco totalmente tensado. En resumen, la cuerda no debe ofrecer, de ninguna forma, ayuda para apuntar. Tampoco se permiten marcas para boca o nariz.

Está permitido utilizar flechas de cualquier tipo, siempre que no causen daño indebido a los blancos ni a las contenciones. El diámetro del tubo de las flechas no excederá de 9,3 mm, la punta puede tener un diámetro máximo de 9,4 mm. Todas las flechas de cada arquero serán marcadas en el tubo con el nombre del mismo o sus iniciales. Las flechas utilizadas en una tanda, serán idénticas, llevarán la misma clase y color de emplumado, nock o culatín, y decoración, si la tuvieran. Se pueden usar diferentes flechas en distintas tiradas, pero en cada tirada, las tres flechas deben ser iguales. En competencias de Juego de Campo, algunos arqueros usan dos tipos de flechas, unas ajustadas para las distancias cortas y otras ajustadas para las distancias largas.

En lo referente al arquero, están permitidas las protecciones de dedos, en forma de tabs, dediles, guantes o cinta adhesiva, siempre que no incorporen ningún dispositivo que ayude al arquero a tensar o soltar la cuerda. La costura del tab debe ser uniforme en color y largo. Las marcas o las líneas que tenga deben ser uniformes en tamaño, forma y color. Esto es fundamental, porque resulta clave para utilizar el método de "Caminar la cuerda" o StringWalking. No están permitidas marcas ni anotaciones sobre el tab. Se pueden agregar marcas o líneas directamente sobre el tab o sobre una cinta adhesiva colocada en la cara del tab. Estas marcas deben ser uniformes en tamaño, forma y color.

Pueden utilizarse prismáticos, telescopios y otras ayudas visuales para localizar la flecha en el blanco. Estos elementos son fundamentales para poder ver dónde están impactando nuestras flechas para hacer correcciones, si fueran necesarias. Sin embargo, estas ayudas ópticas no pueden ser utilizadas, de ninguna manera, para medir las distancias. Está prohibido también el uso de celulares y/o cámaras fotográficas en las competencias 3D y en las de Juego de Campo.

Finalmente, están permitidos accesorios normales tales como: protectores de brazo, pechera, bowsling y carcaj de cintura, espalda o de suelo.

1.1

Apuntando sin mira

Es fundamental lograr algún grado de precisión para poder disfrutar de este deporte. Si no acertamos al blanco, la arquería se vuelve una pesadilla. Para lograrlo con un arco sin mira, debemos utilizar alguna técnica de apuntado que permita que las flechas impacten en el blanco, más o menos juntas y con regularidad. Existen muchas técnicas de apuntado admitidas en la categoría ARCO RASO de World Archery. Entre ellas, tenemos el Tiro Instintivo o Natural, Split visión, el Gap, el POA, Face Walking y, el StringWalking, técnica que analizaremos en profundidad a lo largo de este libro.

El llamado **Tiro Instintivo**, Intuitivo o Natural, es una técnica muy utilizada por tiradores tradicionales. Consiste en tirar sin referencias conscientes. El arquero concentra su mirada en el punto del blanco donde quiere que se clave la flecha, dejando todo el resto en el campo periférico de visión. Se debe tirar dejando que nuestro subconsciente se encargue de acomodar el arco (la puntería) para que la flecha vaya al lugar deseado.

La técnica de **Split vision**, o visión partida, fue promovida por el famoso

Howard Hill. Es similar al tiro instintivo en el hecho que el foco principal está en el blanco, pero en este caso, prestamos atención también a la posición de la punta de la flecha.

El **Gap**, que en inglés significa brecha o espacio entre dos objetos. Es una técnica de apuntado donde se tiene en cuenta la distancia vertical entre la punta de la flecha y el blanco a distintas distancias, para dar en el mismo.

POA son las iniciales de Point Of Aim, algo así como punto de apuntada, en inglés. Esta es una técnica antigua, muy popular en competencias en el Siglo XIX. Consiste en apuntar colocando la punta de la flecha en un punto determinado debajo o por encima del blanco. Este punto será distinto dependiendo de la distancia y el equipo que utilicemos. Es decir que habrá distintos puntos respecto del centro para cada distancia, los que deberemos determinar en forma práctica, por prueba y error.

El **FaceWalking** es probablemente una de las técnicas de apuntar más antiguas, ya que era usada por los viejos arqueros ingleses. El arquero utiliza distintos anclajes en la cara, de acuerdo a la distancia. Cuanto más lejos esté el blanco, más bajo será el anclaje, llegando incluso debajo de la mandíbula, para los tiros más largos. La ventaja que presenta esta técnica es que permitir apuntar con la punta de la flecha a diferentes distancias, sin afectar el ajuste del arco, es decir el equilibrio entre las palas, como las otras técnicas que vimos. Con FaceWalking es más fácil lograr un buen vuelo de la flecha y un tiro silencioso.

Por último, tenemos la técnica conocida como "Caminar la cuerda" o **StringWalking**, utilizada por la mayoría de los arqueros rasos en el mundo. El StringWalking permite apuntar con la punta de la flecha, moviendo la mano de la cuerda a distintas posiciones de acuerdo a la distancia a que tiremos. Si disparamos con un arco tomando la cuerda con los tres dedos debajo del nock a diferentes distancias, apuntando siempre con la punta de la flecha sobre el centro del blanco, veremos cómo, a corta dis-

StringWalking

tancia, las flechas dan en la parte superior del blanco. A medida que nos vamos alejando, van a ir pegando cada vez menos altas, hasta que llega un punto en el cual las flechas dan en el centro. Esta distancia se conoce como "point-on distance" o POD, algo así como la "distancia con la punta encima del blanco".

A menores distancias las flechas dan más alto y debemos tomar la cuerda

en un lugar más bajo. Al cambiar la distancia entre los dedos y el nock, manteniendo el mismo anclaje y apuntando siempre con la punta de la flecha en el centro del blanco, se va cambiando la relación entre la parte trasera de la flecha y el ojo.

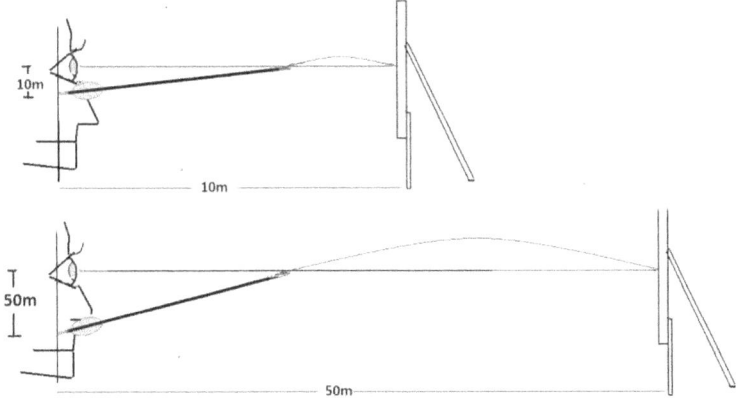

Podemos considerar al servinado de la cuerda como la mira trasera de un arma. A medida que bajamos la mano por la cuerda, anclando siempre en el mismo lugar, la flecha queda cada vez más alta y cerca del ojo, por lo que, el tiro irá más bajo.

Cabe aclarar que en la categoría Arco Raso de WA, está expresamente prohibido tener marcas en el servinado central de la cuerda. El arquero raso utiliza el tab, que se convierte en pieza clave del equipo, referenciando las marcas que tiene como referencias de las diferentes distancias. El punto en el cual debemos colocar el tab para cada distancia se denomina corrida y depende de la potencia, el tiller del arco, la posición del nocking point, el largo y peso de las flechas, la forma de la cara del arquero, el punto de anclaje, forma de tiro, etc. La única forma de conocer las corridas de nuestro tab, es realizando pruebas de tiro.

Si bien la técnica del StringWalking ayuda a lograr precisión en el tiro a diferentes distancias, también significa que el punto en el que el arquero toma de la cuerda varía constantemente. Consecuentemente, también cambia la puesta a punto óptima del arco, para cada caso. Al cambiar el agarre en la cuerda, estaremos variando el tiller dinámico para cada distancia y la puesta a punto resulta más complicada que en otras categorías, esto se soluciona o se mitiga con los métodos de ajuste que veremos a lo largo de este libro. Estas variaciones provocan que el arco vibre y sea más ruidoso. En resumen, será más desagradable tirar con él. Es por esto que a muchos arqueros no les gusta el StringWalking, a pesar de sus ventajas.

Técnica para caminar la cuerda
Antes de continuar, sería conveniente explicar la forma correcta para caminar la cuerda. Para ello, necesitamos un tab que tenga costuras o marcas que nos servirán de referencia para las distintas distancias.

Colocamos una flecha en la cuerda y tomamos el arco por el grip. A continuación, colocamos el tab sobre la cuerda debajo de la flecha, en forma paralela al servinado.

StringWalking

Contamos las marcas en el tab para la distancia determinada, sean costuras, marcas o algo notable en el tab. A continuación, colocamos la uña del pulgar de la mano del tab sobre el servinado a la altura de la marca que elegimos para esa distancia.

Controlando que la uña no se mueva, deslizamos el tab hacia abajo hasta que su borde superior esté a la altura de la uña.

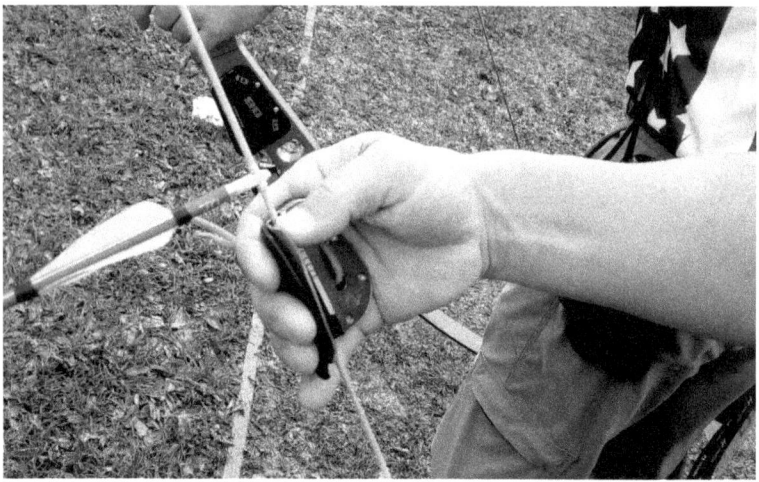

Sin mover el agarre, levantamos el arco y continuamos el proceso del tiro. La precisión vertical del disparo dependerá en gran medida del cuidado que tengamos a lo largo de este proceso.

La posición inicial del tab debe ser siempre la misma, sino se correrán las distancias y erraremos al blanco. Para ello, se debe considerar alguna referencia clara, hay quien coloca el tab apoyado contra la flecha y quien prefiere colocarlo contra el nocking point inferior. La elección de la referencia inicial es personal y raramente afecta el desarrollo de la técnica, si siempre la mantenemos constante.

Otros arqueros utilizan una fijación visual. Esto es, buscan una referencia visual en el servinado que permita referenciar la posición del agarre para colocar el borde superior del tab allí. Esto no significa que el servinado central tenga marcas, porque esto está prohibido para la categoría ARCO RASO.

El momento clave para mantener la precisión es el proceso desde la definición del agarre, hasta el comienzo de la tensada. Si no somos cuidadosos, la posición del agarre se puede desplazar produciendo desvíos verticales de los impactos en el blanco. La forma más simple de fijar la posición del tab es tensando un poco la cuerda para generar tensión entre esta y el tab. Algunos arqueros apoyan el pulgar sobre la cuerda, haciendo presión, para asegurar la posición del tab en su lugar.

Martín Godio

1.2

Funcionamiento del arco

El funcionamiento del arco cuando utilizamos un solo agarre, aunque sea complejo, es bastante más simple que en las condiciones del StringWalking, donde el arquero va tomando la cuerda en distintos lugares para cada una de las distancias a las que dispara.

Funcionamiento del arco con un agarre constante

El funcionamiento de los arcos es relativamente simple, si tomamos la cuerda siempre del mismo lugar. El arco es una máquina simple, en la que la fuerza del arquero es transmitida a las palas del arco mediante la cuerda, cuando este tira de ella hacia atrás. Una vez que el arco está tensado, dicha fuerza se encuentra almacenada en forma potencial en las palas. Finalmente, cuando el arquero suelta la cuerda, las palas liberadas, se mueven hacia adelante tratando de volver a la posición original de reposo (la que tenían antes que las tensáramos). En este movimiento, las palas tiran de la cuerda obligándola a avanzar y empujando la flecha hacia adelante. Cuando la cuerda llega al final del recorrido, se detiene y la flecha se desprende, volando hacia adelante. Esta es una simplificación de un proceso mucho más complejo, ya que, entre otras cosas, la cuerda no sigue una trayectoria recta en su recorrido. Pero, es un tema que excede el objetivo de este libro.

Las palas de un arco almacenan la energía de dos maneras distintas, simultámente. La mitad delantera del arco (la más cercana al blanco) almacena la energía en forma de tensión o estiramiento de sus fibras, mientras que la mitad trasera (la más cercana al arquero), lo hace por compresión. La relación entre ambas fuerzas, estiramiento y compresión, debe guardar cierto equilibrio para evitar que las palas se dañen. De esta manera, la mitad de la pala se estira y la otra mitad se comprime y se genera una zona crítica de interfase, donde la fuerza cambia de expansión a compresión. En los arcos modernos laminados, la mayoría de la fuerza la realizan las láminas delanteras y traseras de fibra de vidrio y/o carbono, siendo la madera, bambú o foam en el medio de mucha menor importancia en la potencia del arco, solo un 5% de la potencia se debe a la parte media de la pala.

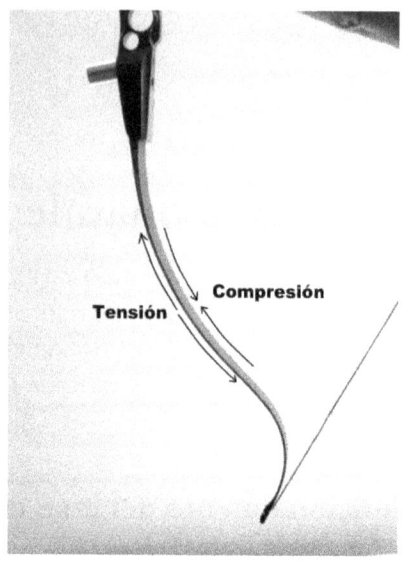

Fuerzas al Tensar.

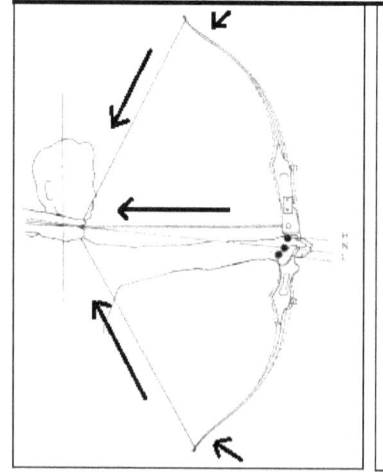

Fuerzas al Soltar.

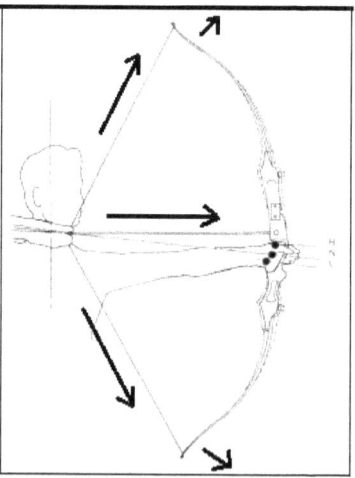

StringWalking

La cantidad y forma en que se almacena y se libera la energía en el arco, durante el tensado y la suelta, afectarán su eficiencia y performance. Esto se puede ver analizando la curva de tensado o "drawforce curve" que nos permite comparar cómo funcionan y se desempeñan distintos arcos.

Estas curvas se construyen midiendo, con una balanza, la fuerza del arco en distintos puntos del tensado, desde la posición de la cuerda en reposo (brace height) hasta la distancia final del tensado, generalmente entre 30 a 32 pulg. Estas mediciones, nos permiten construís la curva. Luego, debemos determinar el aumento promedio para nuestro arco para contar con un valor de referencia. Este se calcula dividiendo la potencia final por la distancia que tensamos la cuerda. Las libras que aumenta por cada pulgada, dependen de la potencia del arco. Por ejemplo, consideremos un arco de 30 libras con un brace height de 8 pulg. y que tensamos 28 pulgadas. Entonces, la distancia en la que la cuerda empujará la flecha será de 20 pulg. (28-8=20). Dividimos las 30 libras por las 20 pulg. y tendremos un aumento promedio de 1,5 libras por pulg.

Pocos arcos aumentan, por pulgada, este valor promedio a lo largo de todo el recorrido del tensado. La curva de tensado presenta distintas formas, dependiendo de cómo va variando la potencia del arco en cada punto. El aumento de potencia, puede ser proporcional, cuando es similar al promedio calculado; más que proporcional, cuando este aumento es mayor al promedio o menos que proporcional, cuando el aumento es menor. Considerando el desarrollo de la tensada, podemos así dividir la curva en tres partes principales, Pre-Load, Zona de Uso y Estaqueo. En el primer tramo, Pre-Load o pre-carga, el aumento por pulgada suele ser mayor al promedio, de 3 a 4 libras por pulg. Esto es bueno ya que al tener mayor Pre-Load, aumenta la superficie debajo de la curva y también aumenta la potencia almacenada en el arco. Al seguir avanzando en la tensada nos acercarnos al punto óptimo de funcionamiento de las palas, la Zona de Uso, que debe ser cercana a nuestro largo de tensado. Allí, el valor por pulgada se reduce a entre 1 y 2 libras/pulg., para arcos de potencia normal. Al aumentar la fuerza ejercida por el

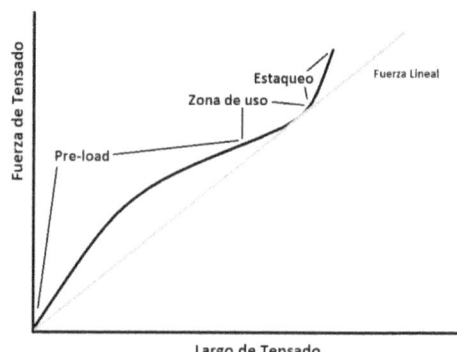

arquero, la pala se ha ido doblando y llega un punto en el que la recurva se despliega, es decir comienza a enderezarse. En un punto, la cuerda se despega de la pala. Esto ocurre a lo largo de un recorrido de dos o tres pulgadas de la tensada, que se ubican generalmente entre las 17 y 22 pulgadas en los diseños más comunes y entre las 26 y 29 pulg. para los SuperRecurvados.

Esto significa que, al principio, el ángulo entre la cuerda y la pala es bien agudo y recién a partir de las 20-22 pulgadas el ángulo comienza a aumentar. Con esto se logra que el punto donde el arco comienza a estaquear se desplace atrás en la tensada, respecto de otros arcos del mismo largo. La posición de este punto de despegue es importante para lograr arcos más suaves.

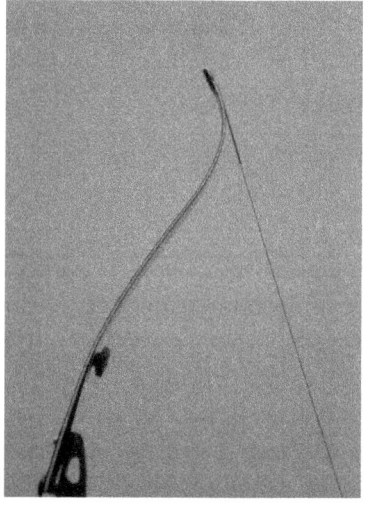

Finalmente, en algún punto el aumento de potencia por cada pulgada vuelve a ser mayor que el promedio y comienza el llamado estaqueo o "stacking". Lo que ocurre es que, pasado cierto punto, el ángulo entre la cuerda y la pala del arco se va acercando a los 90° y es allí donde la fuerza comienza aumentar a valores del doble de los normales (3 o 4 libras por pulgada). El estaqueo, dificulta el tiro porque el arquero lucha con grandes aumentos de fuerza mientras está apuntando. Y esto disminuye la eficiencia del arco. Es decir que la mayor fuerza que hacemos, no se transmite con la misma eficiencia que antes.

La forma de la curva nos permite tener una idea de la cantidad de energía almacenada por el arco, es decir que nos habla de su Eficiencia. Un arco poco eficiente tendrá una curva más bien recta. Los arcos con mayor capacidad de almacenaje presentan una joroba en las primeras pulgadas de tensado, el Pre-Load, y almacenan más energía o tienen mayor "Eficiencia de Almacenaje". Esta varía dependiendo de la calidad de los materiales utilizados y el diseño del arco mismo.

Como dijimos, la superficie debajo de la curva nos da idea de la potencia que tenemos que hacer para tensarlo, pero solo parte de esta se transmitirá a la flecha. La Eficiencia de Almacenaje, no siempre se traduce en mejor performance ya que hay que tener en cuenta la Eficiencia misma del Arco. Esto es, ¿cuánta de esa energía almacenada, se transmite a la flecha? Esta es la relación real entre el esfuerzo del arquero y la fuerza transferida a la flecha. A mayor eficiencia, mejor performance del arco.

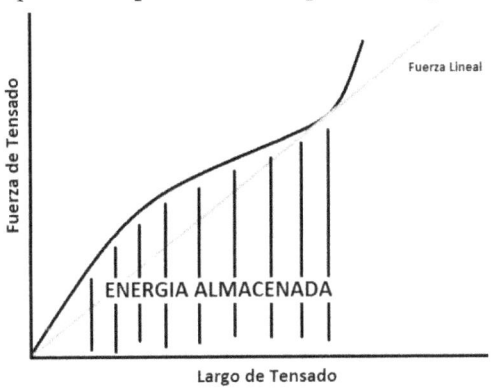

Largo del arco
Conocer el punto en el que comienza a "estaquear" un arco es de gran importancia a la hora de elegir el nuestro. Si tensa menos de 28 pulg., es muy probable que no sepa nunca lo que es el estaqueo. La gran mayoría de los arcos son suaves hasta las 28 pulg.,

pero no todos lo son más allá de esa distancia, sobre todo sobrepasando las 30 pulg. Es por esto que los arcos recurvados ILF y Formula se fabrican en tres largos de palas, para ser utilizados en tres largos de mangos. De esta manera, se pueden armar arcos que se adapten a los largos de tensado de diferentes arqueros.

Hoyt, entre otros fabricantes, tiene sus propias recomendaciones que se ven en el cuadro adjunto, que, aunque resultan útiles, no será la única referencia a considerar.

Largo de Tensado.	Arco
Arquero tensa de 25" a 27"	64
Arquero tensa de 27" a 29"	66
Arquero tensa de 29" a 31"	68
Arquero tensa más de 31"	70

En la elección del largo del arco juegan varios factores, además del ajuste del estaqueo y la eficiencia del arco, temas que veremos en el siguiente capítulo. Esta elección es muy personal.

Funcionamiento del arco en StringWalking

Como venimos explicando, cuando tiramos con la técnica de StringWalking, cambiamos el punto de agarre en la cuerda de acuerdo a la distancia al blanco. Esto hace que, en cada agarre, el tiller vaya variando, esto complica notablemente el funcionamiento del arco y, por consiguiente, su puesta a punto. Es como si a cada distancia, tiráramos con un arco distinto.

Al tensar el arco con tres dedos, la mayor tensión suele ubicarse en el segundo dedo, el mayor. En el caso del agarre mediterráneo, con un dedo por encima de la flecha y dos debajo, este punto de mayor tensión se encuentra justo debajo del nock de la flecha. En cambio, en el caso del agarre "apache" (con los tres dedos debajo del nock), este punto de mayor tensión se desplaza hacia abajo, alejándose del nock. Al ir caminando la cuerda, este centro del agarre se va moviendo a lo largo del servinado, entre 3cm y 7cm por debajo de la flecha, para diferentes distancias.

Al ir desplazando la mano por el servinado, la longitud de la cuerda que tira de cada pala va cambiando y, por ello, en cada posición, vamos tirando de cada pala de manera diferente. Esto es muy complejo, pero alcanza con comprender que a medida que bajamos el agarre en la cuerda, tiramos más de la pala inferior y menos de la superior.

Cuando soltamos la cuerda, esta diferencia entre las palas produce un funcionamiento aún más complejo. Luego de la suelta, la parte superior de la cuerda se mantiene en tensión, mientras que la inferior se afloja. Se produce entonces un pequeño

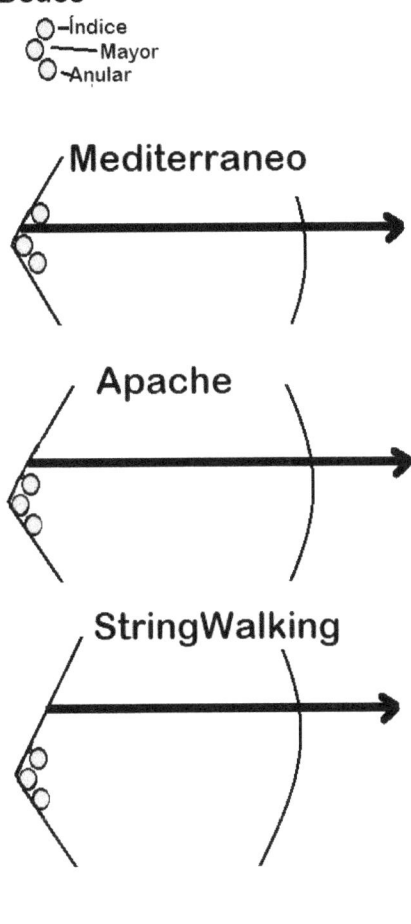

"disparo en seco" de la pala inferior. Esto ocurre porque, en un primer momento la pala inferior acelera sola, con la cuerda floja, antes de comenzar a empujar la flecha. Al cabo del mismo, ambas palas comienzan a tirar juntas de la flecha.

En el agarre mediterráneo y con el centro de tensión cercano al nock, esto casi no tiene consecuencias. Pero, cuando vamos moviendo el agarre hacia abajo, esta distancia va aumentando y también la intensidad del "disparo en seco". Esto es lo que hace que el tiro con la modalidad StringWalking sea más ruidoso que en otras técnicas. Este problema es inevitable, pero, se puede minimizar con un buen ajuste del equipo.

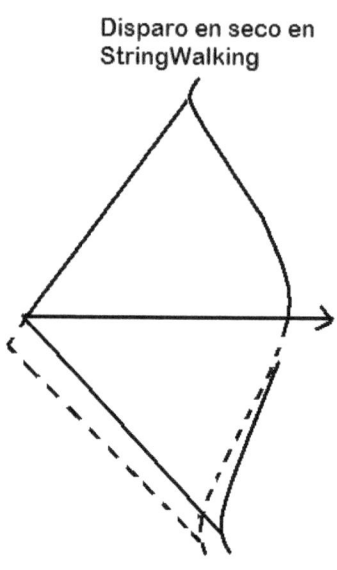

Disparo en seco en StringWalking

Este "disparo en seco", provoca, además como efecto secundario, un movimiento del nocking point durante el disparo. Como dijimos, al momento de la suelta, sólo la superior tira efectivamente de la flecha, moviendo el nock hacia arriba. Mientras tanto, la pala inferior está tirando de la cuerda que está floja (tiro en seco). Cuando el nocking point ya inició su movimiento ascendente, la parte inferior de la cuerda se tensa y ambas palas comienzan a empujar la flecha juntas. Esto hace que el nocking point se mueva, primero hacia adelante y arriba, para luego moverse horizontalmente. Cuanto más larga es la corrida de cuerda, mayor será el tiempo que la pala superior tire del nocking point hacia arriba y mayor será la intensidad del "disparo en seco". Esto hace que ajustar el nocking point no sea simple. Afortunadamente, solo basta con realizar las pruebas clásicas de puesta a punto para hallar la posición optima del nocking point.

Este movimiento ascendente del nock, acompañando al nocking point, genera una presión hacia abajo del astil de la flecha sobre el rest. Ante esta presión el rest responde de distintas maneras. Los rest de alambre, se flexionan ante el empuje del astil para, luego volver a su posición original, empujando la flecha nuevamente hacia arriba. Esta es una de las causas más comunes de inconsistencias en las distancias de las corridas, sobre todo en las distancias más cortas, donde debemos bajar más el agarre, en proporción, que en las distancias largas. De esta manera, en StringWalking el rest funciona como un button, que regula el vuelo de la flecha en el sentido vertical.

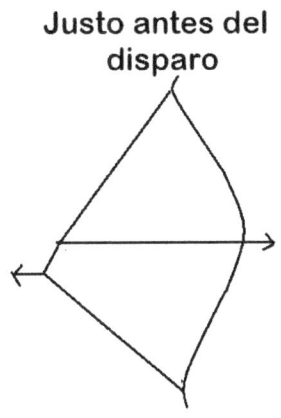

Justo antes del disparo

A todos estos factores se agrega la variación del largo efectivo de tensado de las flechas con distintos agarres, que hacen que analizar el funcionamiento del arco cuando caminamos la cuerda, sea sumamente complicado. Por esto, a la hora de realizar la puesta a punto del arco, tenemos que llegar a un compromiso de ajuste para los distintos agarres. El comportamiento del arco, curva de tensado, tiller, etc. irán variando en cada uno de los agarres y será imposible encontrar el óptimo para todos ellos.

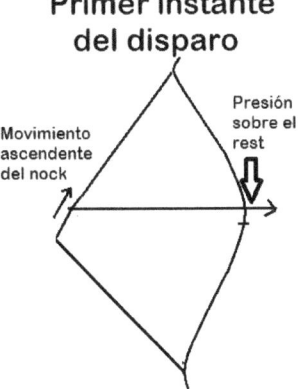

Primer instante del disparo

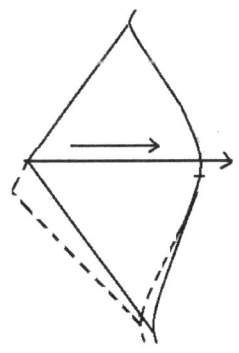

Resto del disparo

Spine y StringWalking

Un fenómeno que suele verse al variar la corrida, es una desviación lateral de los impactos de las flechas a diferentes distancias. Esto obliga a algunos arqueros a realizar correcciones de puntería para cada distancia, de manera de dar siempre en la zona central del blanco. La mayoría de los arqueros diestros encuentran que, a medida que van tomando la cuerda más lejos del nock (más abajo), sin cambiar ningún otro parámetro, las flechas se comportan como si fueran más "blandas". Es decir que las flechas van impactando cada vez más a la derecha del centro del blanco, a medida que disminuye la distancia al blanco y aumenta la corrida. Otros arqueros encuentran resultados opuestos, es decir que al ir bajando la corrida y/o tirando más cerca, van pegando cada vez más a la izquierda (la flecha se comporta cada vez más "dura"). Los arqueros zurdos suelen encontrar los mismos fenómenos, pero en sentido contrario.

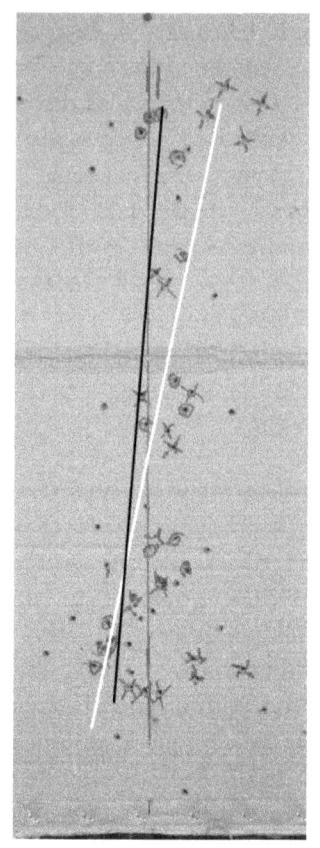

Dados estos dos comportamientos antagónicos resulta difícil

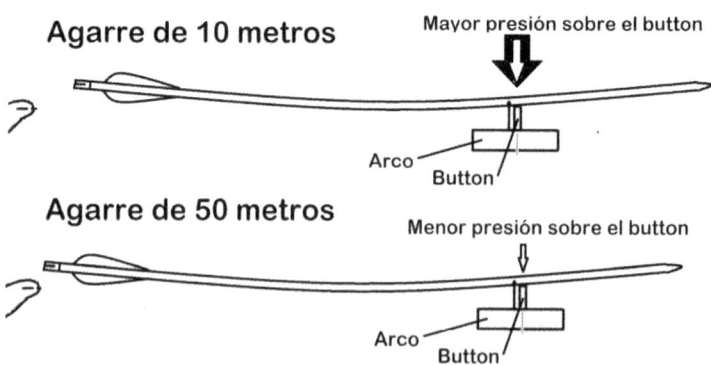

encontrar una explicación clara de lo que ocurre, así que hay dos teorías generales. Para explicar el primer fenómeno, se dice que al bajar el agarre para distancias más cortas, la flecha se moverá gradualmente hacia la derecha, porque aumenta el "tiro en seco" que vimos hace un momento. Con una gran corrida, la cuerda tendrá más espacio y tiempo para acelerar mucho antes de empezar a mover la flecha. Por ello, la flecha recibe un empuje inicial muy agresivo y se flexiona aún más que si lo hiciera desde un agarre más cercano al nock. Con la corrida de los 10m, el empuje de las palas se desbalancea y se produce un mayor "disparo en seco" y, por ello, el astil de la flecha va a comprimir más el resorte del button.

En cambio, con el agarre más alto, el de los 50m, el empuje de las palas es más balanceado y el "disparo en seco" menor. El arco se va a sentir más calmo y suave. La flecha va a comprimir el resorte del button mucho menos que con el agarre de 10m y va a dar más a la izquierda.

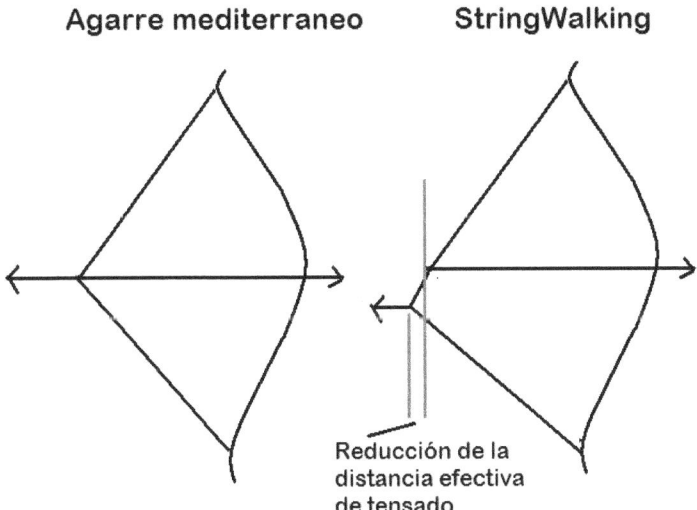

Sin embargo, hay arqueros para los que el comportamiento es opuesto. Esto se explica por las diferencias en la distancia efectiva de tensado. A medida que cambiamos la toma, vamos alterando las fuerzas que se aplican a la flecha y la fuerza que esta aplica sobre el button. Tirando con agarre mediterráneo, tenemos una distancia efectiva de tensado de la flecha determinada. Pero, cuando comenzamos a mover el agarre hacia abajo, la distancia efectiva de tensado, medida en la flecha, se va acortando. A medida que los dedos se alejan del nock (hacia abajo), este se posiciona más adelante respecto de los dedos. Esto no significa que el arquero tense menos, sino que, tensando normalmente, la flecha queda más adelantada y, luego de la suelta, el efecto es similar a una tensada más corta. Si, por ejemplo, nuestro largo normal de tensado es de 28 pulg, cuando agarramos para tirar a 10m, la flecha quedará a 12mm por delante de nuestros dedos. En consecuencia, el arco funcionará como si hubiéramos tensado solo 27,5 pulg.

El grado de compresión del button varía para diferentes arqueros y distintas configuraciones del equipo, pero es bastante constante para un arquero determinado, incluso con las sueltas defectuosas. Esta compresión, es la que le da a la flecha la dirección final durante el disparo y hace que estas den en el blanco en una zona determinada. El grado de compresión del button depende de cuánto se flexione la flecha, la reacción de las cuerdas con los dedos, el rendimiento del arco y muchos factores más. Una característica importante del button para StringWalking es la progresividad, tema que se verá en el capítulo siguiente. Un buen button progresivo va a compensar las diferencias de spine dinámico para los distintos agarres, logrando minimizar las desviaciones laterales con los distintos agarres.

En resumen, los arcos se comportan de diferente manera al ser usados por diferentes arqueros. La única forma de saber cómo se va a comportar el nuestro, al tirar con StringWalking es probándolo. En cualquier caso, no importa mucho como se comporte nuestro equipo, sino que podamos ajustarlo correctamente, como veremos más adelante.

1.3

La elección del equipo para StringWalking

Esta es una técnica de tiro compleja y, por eso, la elección del equipo y su puesta a punto resultan muy importantes. Aunque puede usarse cualquier arco, para maximizar los resultados, necesitamos que nuestro equipo tenga ciertas características. Cuando hablamos de equipo nos referimos a todo lo necesario para tirar, el arco, las flechas, el tab (pieza clave en esta modalidad) y, sobre todo, una libreta para las anotaciones.

Independientemente de los componentes del equipo que elija, es fundamental el criterio de elección. Sin importar qué elija, en mi opinión, el criterio tiene que ser uno: **elegir el equipo que nos haga hacer más puntos**. Todo lo demás son gustos, color, velocidad de la flecha, timones, etc.

El arco

Para tirar con ARCO RASO se puede utilizar cualquier arco, pero sin duda los risers metálicos y de carbono, dotados de sistema ILF o Formula, son los más populares. Estos risers son más rígidos y permiten intercambiar palas y risers de diferentes fabricantes (el sistema Formula dispone de menos variedad) y, muy importante, permiten regular parámetros del arco como tiller y potencia.

Existe gran variedad de opciones y su elección es muy personal. Hay quien prefiere una marca determinada y otros que utilizan componentes de distintos fabricantes. Respecto de su performance y precio, podemos clasificar los arcos en tres grandes grupos, los arcos de iniciación, los de gama media y los de gama alta o de alto rendimiento. En la industria de la arquería, el hecho que un modelo esté en una categoría determinada, depende en gran parte de la novedad. Mucha tecnología que se usa hoy en los arcos de iniciación, era la de arcos de gama media hace unos años y arcos de alto rendimiento, muchos años antes. Este es el caso de los riser fundidos o las palas de fibra de vidrio y madera. Hoy se utilizan en arcos de iniciación, pero ganaron cientos de trofeos y todos los Juego Olímpicos a fines del Siglo XX. Elegir arcos de un grupo u otro dependerá de nuestras posibilidades económicas, nuestra habilidad, nuestros intereses, etc.

En caso de no contar con fondos suficientes para comprar un arco de gran calidad, surge la pregunta: ¿qué es mejor, invertir en un riser caro y palas baratas o en palas caras y riser barato? Esto es muy discutido y hay diferentes opiniones, todas razonables. Hay quien prefiere gastar en el mejor riser que pueda conseguir y unas palas más económicas. Luego, cuando se haya recuperado económicamente, podrá cambiar esas palas básicas por otras de mayor performance. Esto tiene un problema, deberemos aceptar una performance menor de las palas. Otros, prefieren comprar un riser barato y las mejores palas que pueda pagar. El problema de esta opción es que pocos risers económicos están realmente derechos y, así, puede resultar imposible poner el arco en condiciones óptimas de tiro (alineación, centershot, etc.).

En lo personal, prefiero un buen riser y buenas palas económicas. No todas las palas baratas son iguales, algunas son bastante buenas. A la hora de cambiar nuestras palas por otras mejores y más costosas, en mi opinión, no es aconsejable realizar cambios en forma muy gradual. Es decir que es mejor esperar y cambiar las primeras palas por otras de gama media, o mejor de gama alta, si fuese posible. Dentro de las palas de gama baja, una diferencia de 100 o 200 dólares muy rara vez se refleja en una mejora significativa de performance.

Las palas

Respecto de las palas, existe una enorme cantidad de opciones, tanto en los materiales utilizados, como en disposición de los mismos. Cada fabricante tiene sus propias ideas respecto de cuales materiales utilizar, la forma, etc. y sus propias políticas al respecto. Así, tomando algunos ejemplos, Hoyt suele ser muy conservador, con modelos muy probados que suelen tener una performance que podríamos denominar "promedio". Win & Win, por otra parte, es más "lanzado", e incluye tecnología de punta en sus modelos más costosos.

La mayoría de los fabricantes sigue utilizando un diseño tradicional, desarrollado por el genial Earl Hoyt en 1970. Estas palas presentan una recurva no muy pronunciada y están compuestas por tres láminas principales, la frontal, la trasera y la lámina media. Las dos primeras son las más importantes, ya que aportan el 95% de la performance al arco y están formadas, por capas superpuestas de fibra de vidrio y/o de carbono. Cuanto mayor proporción de carbono tenga una pala, será más veloz, al menos en teoría. Sin embargo, basta el agregado de una capa de carbono para que se considere que es de carbono. Solo las palas que no contienen fibra de vidrio, son más rápidas.

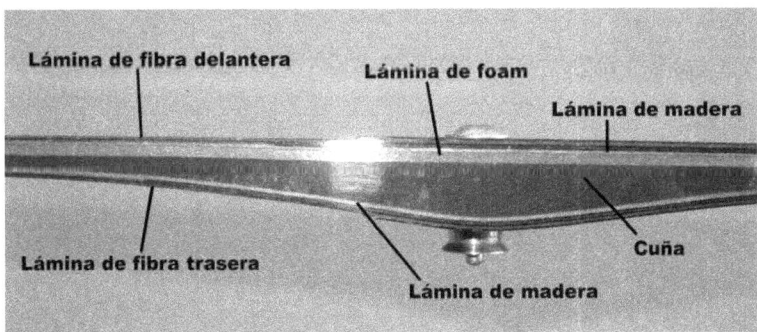

La capa central es generalmente de madera, el bambú y en el último tiempo, materiales sintéticos denominados "foam". Se dice que el clima y la temperatura afecta menos a estos foam que a las maderas. Sin embargo, pruebas hechas en palas de gran calidad muestran que la madera no se ve afectada por el clima, dentro de rangos razonables. Algunos foams livianos permiten a las palas desarrollar unos pies por segundo más que palas equivalentes de madera. Sin embargo, hay foams que son más pesados que la madera. En lo personal, prefiero las palas con madera ya que, para algunos fabricantes, el índice de rotura de las palas con foam es mayor que en las de madera.

Border Archery, es una pequeña empresa escocesa que lidera el campo tecnológico. Fue la primera en darle importancia a la resistencia torsional de las palas, clave para el desarrollo de los SuperRecurvados. Con sus diseños Hex o High Enegy eXpress, ha logrado avances en la performance de los arcos recurvados.

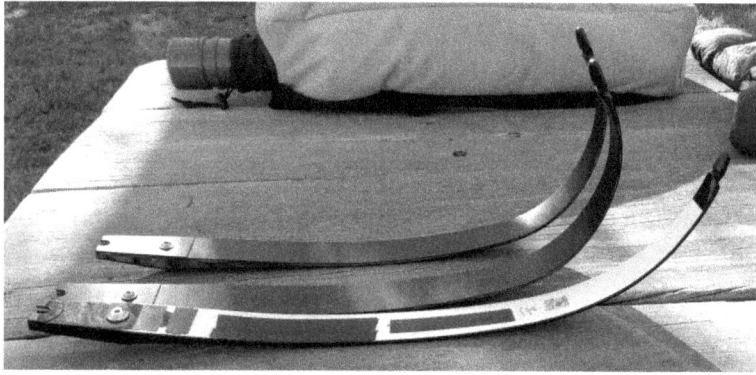

Border utiliza exclusivamente carbono, sin fibra de vidrio, y eso las convierte en una de las más livianas del mercado y, por ello, más veloces. La recurva pronunciada le da gran suavidad al final de la tensada, mientras apuntamos. Existen varios modelos, desde las primeras Hex4 hasta la increíble Hex8, que presenta una curva de tensado casi plana al final. Mucha de la tecnología probada por Border fue adoptada por Win & Win allá por 2006 y por Hoyt hace apenas unos años cuando, incorporó fibras de carbono colocadas a 45° en sus modelos Quattro y actualmente con las Grand Prix Carbon Ace con "triaxial carbon cores".

Uukha, es una firma francesa que se aparta del método de fabricación laminado, con sus palas monolíticas, sólidas de una pieza. Los diferentes modelos varían en la cantidad de fibra de carbono, desde un 15%, en las palas más económicas, hasta el 100% de carbono en su modelo XX. Las palas se ofrecen también en dos configuraciones, Curve con una recurva tradicional y Xcurve con recurva más pronunciada.

En cualquier caso, la elección de las palas para StringWalking es muy personal. Si bien la suavidad de los SuperRecurvados es apreciada por algunos arqueros, otros las sienten demasiado blandas al final de la tensada y prefieren palas más convencionales. Incluso, en sentido contrario, algunos arqueros prefieren que las palas estaqueen al final para definir mejor la tensada.

Independientemente de la pala que elija, las mejores son las que nos permitan hacer más puntos. Todo lo demás solo sirve para charlas en torneos.

Largo del arco

Más allá del fabricante, modelo, etc., al elegir el arco para String Walking debemos tener en cuenta varios parámetros, como el largo del arco completo, el largo de los componentes, su potencia y equilibrio, el rest que vamos a utilizar, etc. Los parámetros vistos en el capítulo anterior son válidos también para este caso. Un largo determinado se puede obtener combinando diferentes componentes. Se ofrecen diversos largos de riser, siendo los más comunes los de 23, 25 y 27 pulgadas, y tres largos de palas que, medidas con riser de 25", son: cortas (66"), medianas (68") y largas (70"). Existen risers más cortos de 21, 19, 17, 15 y hasta 13 pulg., pero son utilizados principalmente para caza y no se adaptan bien al StringWalking. Algunos fabricantes ofrecen también palas extra cortas (XS, 64") y extra largas (XL, 72"), para los arqueros que están fuera del rango normal.

Un largo de arco determinado se obtiene con diferentes combinaciones. Un arco de 68 pulg. puede armarse con un riser de 25 pulg. y palas medianas (68"); con un riser de 23 pulg. y palas largas o un riser de 27 pulg. y palas cortas. Cada una de estas configuraciones tendrá diferentes características. Así, un arco con riser de 23" con palas largas, en teoría, nos dará un comportamiento más estable y suave, pero puede perder un poco de velocidad. Por otro lado, un riser de 27", con palas cortas debería dar un arco más veloz, menos estable (por lo menos en teoría).

En cualquier caso, más importante que el largo del arco es adecuar el largo de las palas a nuestro largo de tensado. Dadas las condiciones estresantes a las que el StringWalking somete al arco, es recomendable que sea más bien largo. Como vimos, manteniendo el mismo largo de arco, tener un riser más corto y palas más largas puede ayudar a aliviar los esfuerzos a las que se ven sometidas al disparar en StringWalking. Con esto se logra que "perdone" mejor las inconsistencias del arquero, sueltas defectuosas, etc. Si el arco es muy corto, se dificulta la puesta a punto ya que las corridas de corta distancia fuerzan mucho a la pala inferior. El tiller y nocking point correcto se vuelve aún más crítico en arcos cortos que en los más largos.

Potencia del arco

Este es otro factor a tener en cuanta al elegir un arco para StringWalking. Existen dos teorías principales sobre el tema. Una dice que se debe usar la mayor potencia que podamos manejar con cierta comodidad, buscando lograr que la flecha sea muy veloz y una trayectoria plana que minimice los errores de cálculo en las distancias. Los arcos de mayor potencia, además permiten utilizar flechas más pesadas que vuelan mejor en días ventosos y son menos sensibles a sueltas defectuosas.

La otra teoría dice que solo necesitamos un arco con potencia suficiente para que nuestras flechas lleguen cómodamente a los 50m, distancia máxima en esta categoría (ARCO RASO) en Juego de Campo. Vale aclarar que Martin Ottosson recomienda llegar a los 55 metros con 3 dedos debajo del nock. Esto es para tener margen para adaptarse a condiciones ambientales complicadas. Utilizar arcos de menor potencia permite tener un control absoluto del tiro y tirar con gran comodidad y precisión. Dependiendo de las flechas que utilicemos, con 35-40 libras, se puede llegar a los 55m con comodidad. La mayoría de los arqueros europeos que compiten en Juego de Campo, tiran con arcos de entre 36 y 40 libras. Unos pocos usan entre 32 y 36 libras y otros pocos entre 40 y 44 libras. Por supuesto que hay excepciones, algunos tiran con arcos de 48 a 52 libras.

Utilizar arcos muy potentes tiene sus riesgos. Existe una situación conocida como "overbowed", que se da cuando nos vemos sobrepasados por la potencia de nuestro arco. En este caso, no tendremos control absoluto del tiro y será el arco el que decida el tiro y no el arquero. Existen varias pruebas para comprobar si podemos manejar una determinada potencia de arco. Algunos recomiendan tensar el arco correctamente y mantenernos en el anclaje por 7 segundos, luego descansamos 2 segundos sin bajar el arco y repetimos el proceso varias veces. Si podemos realizar esto cómodamente siete veces, podremos manejar ese arco. Otros prueban de mantener el arco tensado por 30 segundos y luego, sin bajar el arco, se debe ejecutar el tiro correctamente. En realidad, estas pruebas no consideran la potencia del arco. Otros consideran que debemos ser capaces de sostener el arco un segundo por cada libra del arco. De esta manera, debemos ser capaces de sostener un arco de 35 libras, por 35 segundos, uno de 40 libras, 40 segundos, etc. En cualquier caso, no basta con poder tensar el arco, sino que también debemos poder repetirlo a lo largo del torneo.

El riser

Para StringWalking, se puede utilizar cualquier riser moderno. Algunos fabricantes, como Spigarelli, ofrecen modelos especiales para ARCO RASO, otros tienen una segunda versión de un mismo modelo, como el caso del Zenit de Best Archery, en versión común y barebow (arco desnudo en inglés). Por lo general, estos modelos "Barebow" tienen pesos internos o de bajo perfil, para adaptar el balance y equilibrio a gusto del arquero, sin que sobresalgan del riser.

Si recorremos las fotos de cualquier campeonato mundial, veremos que los arqueros rasos, utilizan todo tipo de risers. Estos arqueros utilizan los equipos que les aseguren más puntos, sea risers Barebow o los risers de aluminio o carbono tan populares en los Juegos Olímpicos. La idea de los contrapesos internos suena excelente, pero estos no resultan indispensables. Con una buena elección y distribución de contrapesos externos, se pueden lograr los mismos resultados de balance.

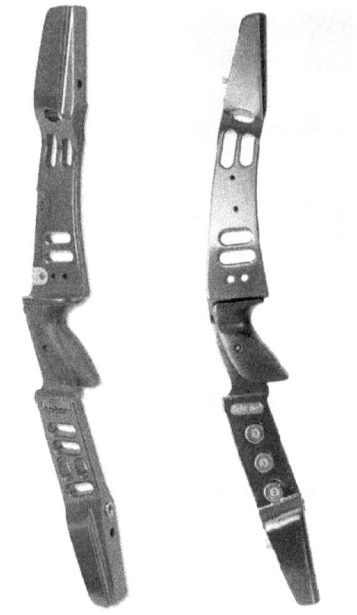

La gran mayoría de los risers disponibles no difiere mucho del diseño TD original de Earl Hoyt (1970). Sin embargo, existen pequeñas diferencias en los diseños, la posición del grip, altura del button, rigidez y grado de deflex. Esto afecta el comportamiento del arco durante el disparo y condiciona la puesta a punto. El Gillo G1 27" y el Bernardini Luxor (también de 27"), por ejemplo, son más rectos (menos deflex) que los riser de 25" más convencionales. Por eso, son más sensibles a los defectos de tiro y necesitan más peso para lograr la misma estabilidad.

Otro factor a considerar es la rigidez o reacción del riser. Vale aclarar que todos los risers se flexionan en algún grado. Esto no es importante desde el punto de vista mecánico, siempre y cuando no excedamos la resistencia del riser, utilizando palas de mayor potencia a las recomendadas por el fabricante. Esto rara vez ocurre en arcos de tiro.

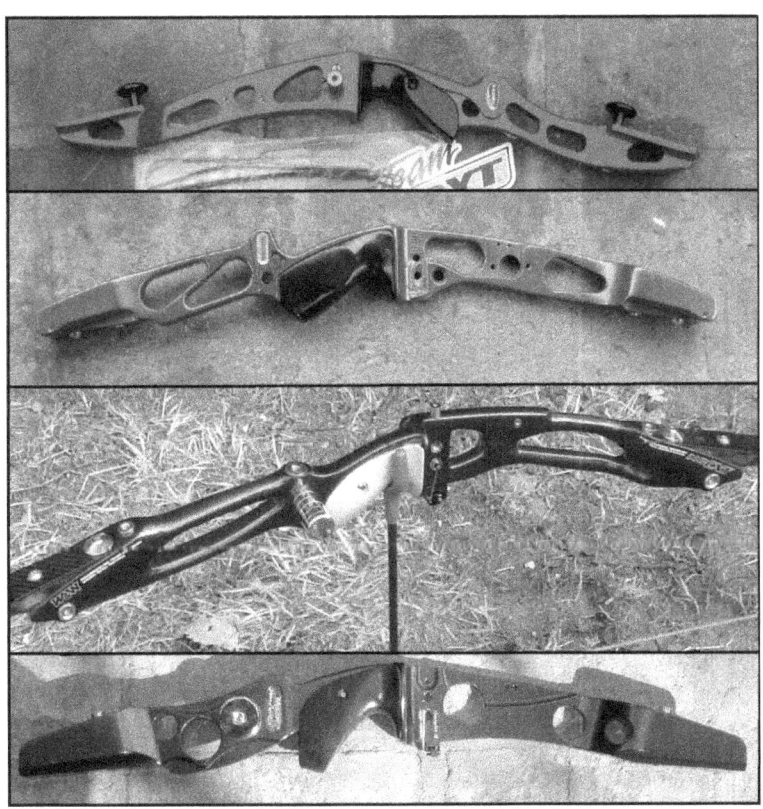

Lo que sí debemos considerar es la "reacción" del arco, esto es, cómo se siente el arco durante el disparo, hay risers más "suaves y blandos" y otros más "duros y reactivos". La elección dependerá de nuestro gusto, preferencias y objetivos. Por ejemplo, si colocamos las mismas palas y cuerda en un Best Moon o en un Spigarelli Explorer se obtienen resultados totalmente distintos. El Moon se siente más duro y enérgico, mientras que el Explorer se siente blando. Aunque en ocasiones podemos encontrar información del comportamiento de un riser determinado, solo al probarlos sabremos la verdadera sensación que nos dará.

El grip

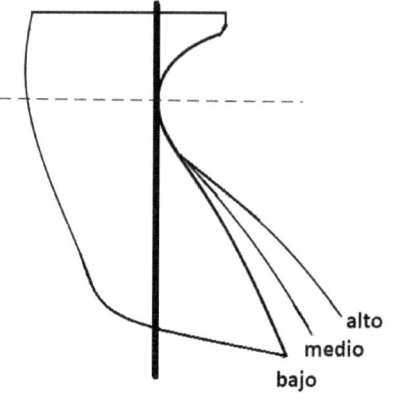

Esta es una pieza muy importante del equipo, a la que no se le presta debida atención. El grip es uno de los dos únicos puntos de contacto del arquero con el arco durante el disparo y el último luego de la suelta. Luego de la suelta, mientras la cuerda impulsa la flecha, el grip empuja la mano del arquero hacia atrás. Esto es crítico, gran parte de nuestra precisión dependerá de nuestra mano del arco. La forma del grip condiciona la posición de la mano y esta, a su vez, la posición del codo, del brazo del arco, etc. En resume condiciona las líneas de fuerza de nuestro tiro. Cuando cambiamos el grip, cambiamos significativamente el largo de tensado y nuestro tiro. El ángulo del grip (alto, medio o bajo) implica tres formas distintas de tiro.

Es importante considerar dos aspectos del grip, en principio, su diseño (alto, medio o bajo) es fundamental para encontrar el tiller adecuado y poder tirar con comodidad en todas las corridas, porque condicionará el centro del apoyo de la mano del arquero. Cuanto más alto es el grip, más alto es el punto de apoyo de la mano y más cercano al centro del arco.

Si la mano está apoyada en el grip en forma inadecuada o el grip no se adapta a la mano del arquero, al disparar, el arco no se moverá en línea recta hacia adelante, sino que tendrá desviaciones y la flecha no dará consistentemente en el blanco. La relación del grip con el arquero es muy compleja, pero la gran mayoría de los risers poseen uno que puede adaptarse a la mayoría de los arqueros, pero siempre es un compromiso entre diferentes opciones.

Otro punto a considerar es la forma del grip. Hasta hace unos años la mayoría de los grips tenían una forma redondeada. Con la llegada de Kisik Lee a los EE.UU. aparecieron grips con la parte trasera plana y con inclinación hacia la izquierda. Esta forma se popularizó rápidamente y, hoy, muchos fabricantes ofrecen grips planos con o sin inclinación.

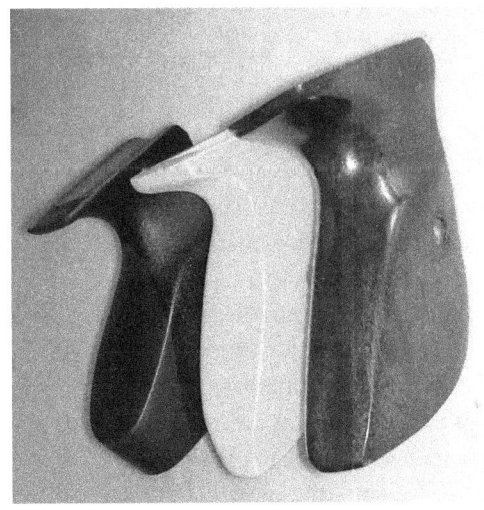

Muchos tiradores, utilizan masilla para acomodar el grip

a sus preferencias. Esto nos lleva a otro punto importante, la variación de la forma del grip en diferentes risers. Como cada fabricante tiene sus propias ideas de cómo debe ser un grip, cuando cambiamos de riser, suele cambiar la forma del grip. En ese caso, tendremos que adaptarnos al nuevo. Esto se evita si mantenemos el mismo fabricante de risers o si optamos entre arcos que utilicen grips equivalentes. Hace más de 10 años que utilizo el mismo grip en mis risers. Solo cambio de riser, por otro que utilice el mismo grip, evito así, inconsistencias en la mano del arco. Aunque esto limita la elección de risers, evita tener que adaptar cada grip a mi mano.

Equilibrio y peso del arco

El arco recurvado tiene una rotación de la parte superior hacia atrás, al dispararlo sin accesorios. Esto se debe a que su centro de gravedad está ubicado detrás del grip. Para evitar que esta rotación ocurra, debemos agregar peso en la parte delantera del arco, desplazando dicho centro de gravedad hacia adelante y compensando ese desequilibrio. En general, se considera que lo adecuado es que, luego del disparo, el arco quede más o menos vertical.

Como el ARCO RASO no puede utilizar sistemas de estabilización para desplazar el centro de gravedad, debemos colocar pesos fijos que permitan controlar el balance del arco durante el disparo. Como dijimos, para poder utilizar un arco en la categoría ARCO RA-

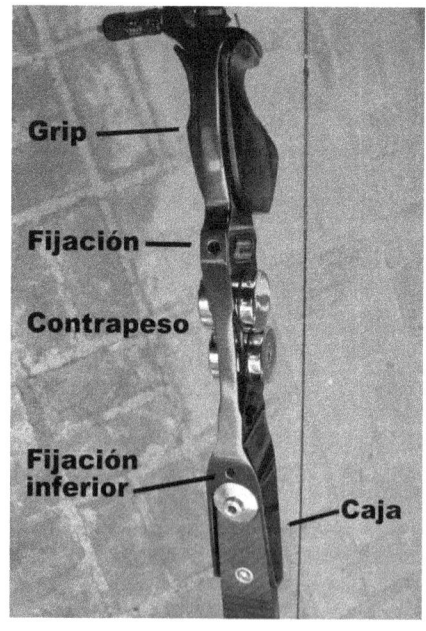

SO, el mismo debe pasar por un aro cuyo diámetro interior es de 12,2cm (±0,5 mm), completo con todos sus accesorios colocados. Dada esta limitación, sólo se pueden utilizar contrapesos cortos, montados en la mitad inferior del mango, fijados directamente, sin extensiones, montajes angulares o dispositivos de absorción de impactos y/o vibraciones. Por esto, la mayoría de los risers diseñados para ARCO RASO, además de las fijaciones tradicionales, tienen la posibilidad de montar pesos internos o de bajo perfil.

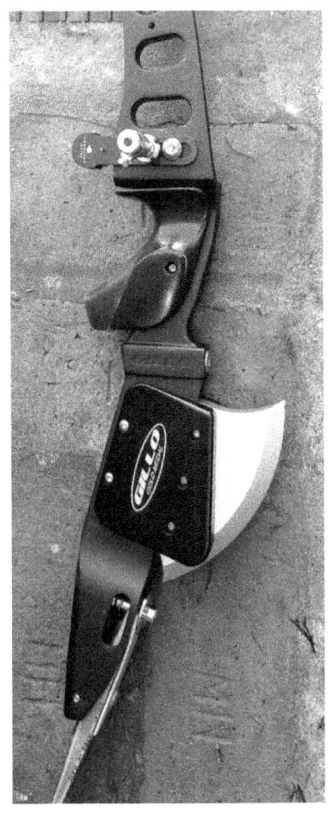

El primer factor a considerar es el peso del arco sin accesorios. En esto existe una amplia variedad. En arcos ILF de uso general, el peso va desde 1Kg para los arcos destinados a mujeres y niños hasta más de 2 Kg de los arcos "Barebow" más pesados. De allí podremos agregar todo tipo de pesos en diversos lugares del riser.

Agregar peso al riser tiene dos efectos, por un lado, influye en la posición del centro de gravedad del arco, este es uno de los efectos más importantes. Por otro lado, aumenta el peso total del arco y su inercia. De esta manera puede reducir su reacción ante errores de suelta del arquero. Esto último, si no es excesivo, puede aumentar la estabilidad del arco y mejorar la precisión.

Existen muchas opciones de materiales (acero, bronce, etc.) y formas para los contrapesos externos. Los hay cilíndricos como los Spigarelli, Ferrari y Best, pero también de las formas más va-

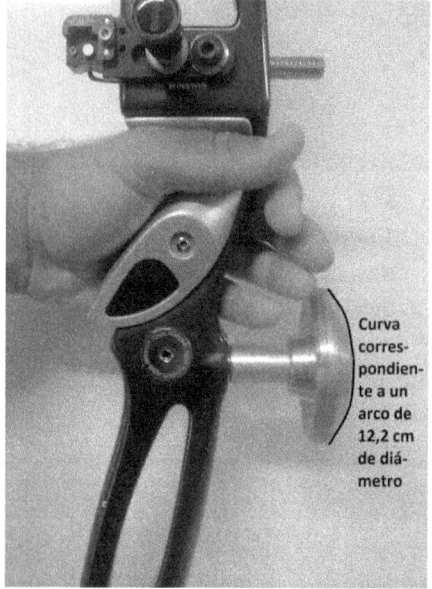

Curva correspondiente a un arco de 12,2 cm de diámetro

riadas, según el gusto del fabricante. En los últimos años aparecieron opciones de lo más artísticas y complejas que, aunque están formados por varias piezas World Archery los aprueba.

Algunos arqueros diseñan contrapesos especiales buscando llevar el centro de gravedad tan adelante como sea posible. La idea es lograr que el centro de gravedad del arco se encuentre justo o por delante del punto de pívot, para que, con el disparo, el arco quede más o menos vertical.

Existen dos posiciones principales para montar los contrapesos, ambas en la parte delantera del riser. Una fijación alta, debajo del grip y otra, más baja, en la fijación de la caja de la pala inferior. Ambas posiciones aumentan el peso del arco, pero su efecto es distinto. El peso en la posición superior tiene mayor efecto en el desplazamiento del centro de gra-

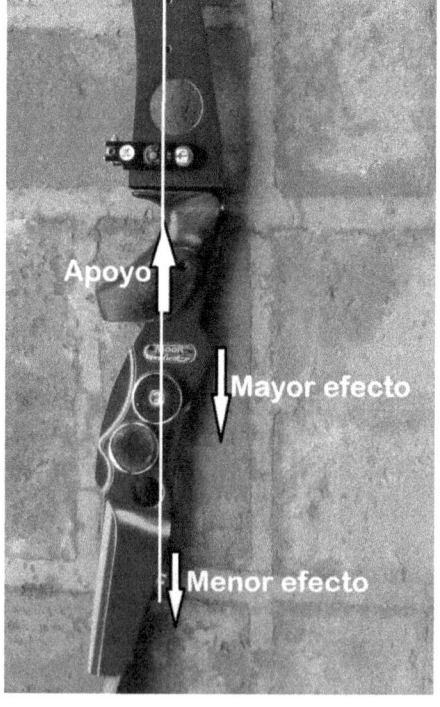

vedad hacia adelante, porque el peso está más adelantado. Además, en algunos risers, esta fijación está desplazada un poco a la izquierda para compensar el peso de la ventana, logrando mayor equilibrio lateral.

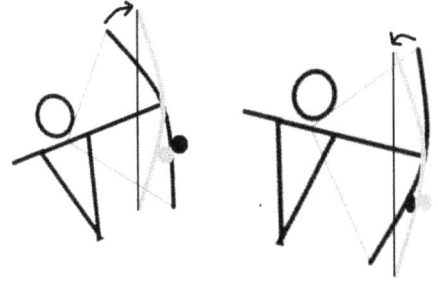

La posición inferior tiene mayor efecto en mantener el arco vertical, pero puede complicarnos cuando tiramos en ángulos muy empinados. En esos casos, mientras apuntamos el arco sigue tratando de mantener la verticalidad, que recupera luego de la suelta. Otro detalle a la hora de colocar el contrapeso en la fijación inferior, es asegurarnos que no interfiera con el tornillo de tiller/potencia de la pala inferior. El contrapeso puede entrar en contacto con dicho tornillo cuando el arco está en su mínima potencia. Algunos arqueros prefieren usarlo en una de estas posiciones y otros usan dos, uno en caja fijación. Debe probar qué le funciona mejor.

El agregado de pesos en búsqueda de un equilibrio determinado, aumenta el peso total del arco. Podemos terminar con un arco demasiado pesado, que puede ocasionar lesiones en el arquero. Además, un arco muy pesado puede convertirse en una pesadilla durante un torneo de Juego de Campo o 3D. Desde hace tiempo, se dice que debe haber una relación entre el peso de un arco y su potencia. Esta relación se calcula dividiendo su potencia por el factor 7,6. Esto significa que un arco de 40 libras no debería pesar más de 6,15 libras (2,4 Kg). Nunca se aclaró si esto era específico para arcos olímpicos o puede aplicarse también para rasos. En cualquier caso, sería razonable nunca superar este peso máximo.

La Cuerda

Cualquier cuerda moderna bien hecha funcionará. Lo único

importante es utilizar materiales adecuados, como el Dynaflight 97, D75 Dyneema, 8125G o el 8190, que son los más populares. Se deben evitar los materiales combinados que poseen Vectran en arcos recurvados y longbows. El Dacron brindó excelentes servicios, pero hoy es casi obsoleto, salvo para arcos viejos.

Cabe aclarar que algunos fabricantes de arcos tienen su propia opinión respecto de los materiales. Así Border Archery, en Escocia, recomienda evitar el uso de mezclas con Vectran en sus arcos, prefiriendo utilizar solo 100% Dyneema. Por su lado, Win & Win, desaconseja el uso de 8190, 450X y otros materiales que expondrán al arco a excesivo stress y pueden dañarlo.

Podemos adecuar el número de hilos a nuestras necesidades de performance y/o tunning. Las cuerdas con menor número de hilos, siempre que no comprometan su resistencia, serán más livianas y, por ende, más veloces para lanzar una flecha determinada. El peso de la cuerda puede utilizarse para realizar un ajuste fino del arco y las flechas, como veremos más adelante. En cualquier caso, es fundamental que la cuerda se ajuste correctamente a los nocks de nuestras flechas.

Un solo detalle es fundamental, el servinado central debe ser suficientemente largo. La terminación superior del servinado debe estar a la altura de la ceja, de manera que no quede dentro del campo visual del arquero. Si lo hiciera, no pasaríamos la revisión de equipo, ya que la cuerda del arco no debe ayudar a apuntar mediante el uso de una mirilla, marcado o cualquier otro medio. La terminación inferior debe cubrir la zona de agarre, donde pondremos el tab, en las corridas más largas, para tirar más cerca.

El rest para StringWalking

El rest es una pieza muy importante en cualquier arco, pero es un elemento fundamental para una buena puesta a punto en StringWalking. Esto se debe a las características particulares de funcionamiento del arco cuando caminamos la cuerda (**Capítu-**

lo 1.3). Por ello, en StringWalking, el rest funciona como un button vertical que debe compensar las diferencias de presión de la flecha con los distintos agarres.

Cualquier rest tiene dos funciones principales, debe sostener la flecha en forma adecuada, durante el proceso de tensado e inicio de la suelta y, luego de la suelta, el rest debe interferir lo menos posible con el vuelo de la flecha. El rest debe "hacerse a un lado" para que pasen el astil y los timones sin interferencias. Algunos rest logran esto gracias a la flexibilidad de su material y otros poseen un brazo de alambre sostenido por un imán. En estos casos, la flecha empuja al rest para hacerse lugar. Un leve contacto del borde de los timones no es grave, pero es mejor que nada interfiera el vuelo de la flecha.

Para StringWalking el rest tiene una tercera función, reaccionar de manera adecuada para que, con los distintos agarres, la flecha salga en la misma dirección vertical.

Como vimos al hablar del funcionamiento del arco en String-Walking, en la suelta, la flecha presiona el rest hacia abajo. A continuación, este, por el principio de acción y reacción, empuja la flecha hacia arriba. Es por esto que la "reacción" del rest es de suma importancia para el funcionamiento de StringWalking. En un rest con alambre grueso o corto, esta reacción es muy fuerte y empujan la flecha hacia arriba con demasiada fuerza. Esto hace que, a medida que bajamos nuestras corridas, aumenta la presión de la flecha sobre el rest (durante el disparo) y, por consiguiente, también aumenta la reacción del alambre. El resultado es que parte de lo que bajamos para corregir puntería, se contrarresta con el rebote. Así, por ejemplo, para pasar de la corrida de 30 a

25m, debemos correr el agarre 6mm, pero, pasar de 10 a 5m puede ser necesario correr hasta 8mm. Las corridas se van haciendo cada vez más largas a medida que bajamos el agarre.

Si el alambre del rest tiene resistencia adecuada, las corridas deberían ser parejas y más bajas. La clave es tener un alambre suficientemente duro para sostener la flecha antes del disparo y, a la vez, blando para que, en el disparo, no empuje la flecha demasiado hacia arriba. Debe funcionar como un "button" vertical.

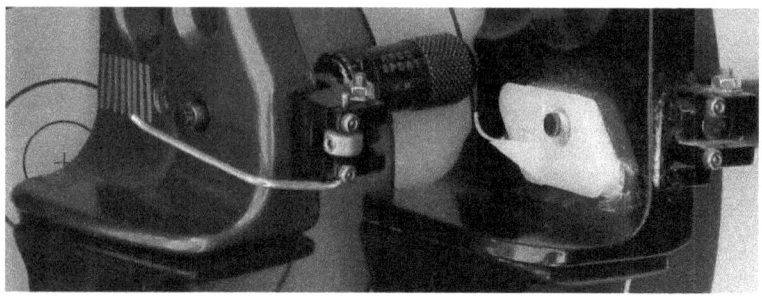

Se puede tirar con StringWalking con cualquier rest, pero algunos presentan menos problemas que otros. Veremos arqueros rasos con diferentes modelos de rest, como todo en StringWalking, es algo muy personal. En los últimos años, se han desarrollado algunos rest especiales para StringWalking que veremos enseguida.

En general, los rest adhesivos no son recomendables para StringWalking, debido a que son muy duros (alambre corto) y, además, se corre el riesgo de que se despeguen en el momento más inoportuno. Sin embargo, algunos arqueros los utilizan con éxito, ya sea en su forma original o cambiando el alambre por otro más largo para que tenga menor reacción. También se puede utilizar el clásico Super Rest de Hoyt, que funciona muy bien porque, al ser de plástico, no tiene rebote. Pero suele romperse bastante seguido por el esfuerzo al que se ve sometido. De todas maneras, son económicos y fáciles de reemplazar.

Los rest magnéticos denominados "wrap around", son los más populares en StringWalking. Unos de los rest más usados para StringWalking es el Spigarelli Zero Tolerance (ZT). Este es un excelente rest, aunque suele presentar inconsistencias en las distancias más cortas, debido al espesor del alambre (1,8mm). El alambre ideal sería de menor diámetro, 1,5mm. Puede parecer que 0,3 mm de diferencia es insignificante, pero implica una disminución del 43% en su rigidez. El espesor puede compensarse con un alambre más largo. Algunas copias del Spigarelli ZT, tienen alambre de 1.8mm, pero es más largo. Con ese alambre más largo, el ZT, se comporta mejor. El mayor brazo de palanca "ablanda el alambre" y mejora la consistencia.

La mayoría de los arqueros que llegan a los podios, utilizan rest AAE Free Flight Elite y el Gabriel BiDrop, que, por sus características, funcionan en forma excelente, dando corridas parejas en todas las distancias. Este rest tiene el eje de rotación con ángulo de 45°, así que se desplaza hacia el costado y hacia abajo para dejar lugar a la flecha. Con ello que se logra mínima interferencia durante el disparo.

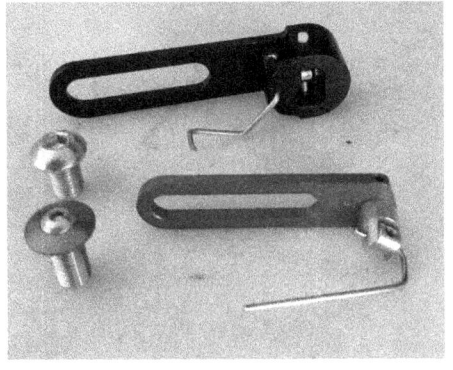

Lo último en rest para StringWalking es el Zniper, un rest alemán, de caída. Estos rests vienen utilizándose en arcos compuestos desde hace años, pero nunca se habían fabricado uno especialmente para recurvados. La idea es que el rest sostenga la flecha hasta el disparo. Al momento de la suelta, el rest cae y sale del camino de la flecha. Al caer, el rest no tiene ningún rebote, logrando también un excelente despeje (ninguna parte de la flecha toca el rest). Como desventaja podemos decir que, al quedar "caído" luego de cada disparo, debe ser "levantado" para el siguiente.

El button

El button o botón de presión es otro componente clave del equipo del arquero raso. Al caminar la cuerda, su función se vuelve

crucial porque debe compensar las diferencias de spine que se producen en las distintas corridas, (**Capítulo 1.3**). Hay una enorme variedad de buttons, la gran mayoría funciona muy bien, pero algunos son francamente malos. Hace años existía la idea de que, para StringWalking, era indispensable que el button tuviera una regulación fácil y visible como los Spigarelli y los Beiter. De esta manera se podía llevar registro de los cambios de la tensión del resorte para cada una de las diferentes distancias/corridas. Sin embargo, con una correcta puesta a punto de un equipo de buena calidad, esto no es necesario.

En cualquier caso, el button debe tener varias características importantes. En primer lugar, su calidad mecánica, que nos va a permitir mover la regulación y volver al mismo punto, sin problemas. El peso del émbolo es también importante para minimizar la inercia que enlentece su reacción. Un émbolo liviano permite que la reacción del resorte se desarrolle sin interferencias. La calidad y características de los resortes son también fundamentales, los resortes de mala calidad son inconstantes y erráticos en su respuesta. Dentro de las características del button, su progresividad es muy importante para StringWalking. Los buttons progresivos son aquellos en los que la fuerza necesaria para mover el émbolo el primer milímetro, es menor a la necesaria para mover el émbolo un segundo milímetro y así sucesivamente. Es decir, se necesita cada vez más fuerza para moverlo.

Al disparar con un solo agarre, lo ideal es que el button sea lineal, ya que la presión que ejerce la flecha es, en gran medida, muy pareja. En cambio, en String-Walking, esta presión varía notablemente en cada agarre. Cuanto mayor es la corrida mayor será la presión ejercida 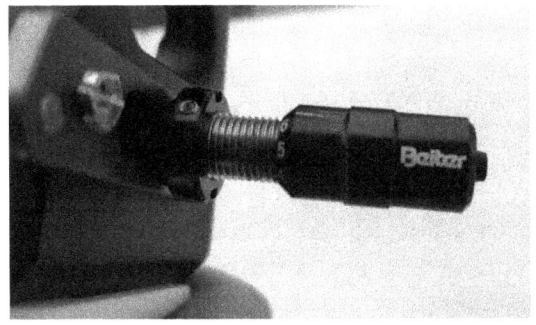 por la flecha sobre el button. Es por eso que aparecen las desviaciones laterales con los distintos agarres. Algunos arqueros corrigen estas desviaciones cambiando la regulación del button, compensando al apuntar o cambiando la alineación de la cuerda. Si bien esto funciona en forma adecuada, complica el tiro. Para evitarlo, sería aconsejable que el button ofrezca una resistencia creciente, es decir, que sea progresivo. De esta manera, a mayor presión responde con más resistencia. Así la flecha va a salir con mínimas desviaciones laterales.

Algunos buttons son muy lineales como el Secure y el Click Button de Spigarelli. El Cavalier Master Plunger es bastante progresivo, pero el Beiter es uno de los más precisos y progresivos, por eso es tan popular entre los arqueros rasos.

Las flechas

Cualquier flecha comercial puede utilizarse para StringWalking. Sin embargo, la gran mayoría de los rasos utilizan flechas de carbono o carbono/aluminio, por ser más livianas que las equivalentes de aluminio y por ello, logran mayor velocidad, una trayectoria más plana, y un mayor alcance. Así es posible llegar a los 50m, aún con arcos de baja potencia.

En general, como en todos los campos, obtenemos la calidad que pagamos. Con algunas excepciones, las mejores flechas son las más caras. Esto no significa que todos los arqueros deben comprar flechas caras, eso dependerá de nuestra performance y expectativas. Si nos mantenemos entre los fabricantes con renombres, como Easton, PSE, Beman, Gold Tip, Victory, etc.; podemos estar seguros de adquirir flechas de calidad.

Existe una serie de los factores a tener en cuenta al elegir flechas. El primero de ellos, el spine, es fundamental. Hay dos tipos de spine, la rigidez del astil denominado "spine estático, que se mide mediante un sistema estandarizado. El otro, es el spine dinámico, que es la dureza de la flecha durante el disparo y se ajusta en la puesta a punto del arco y sus flechas.

Al elegir el spine estático de las flechas para StringWalking, existen varios criterios que difieren de los de otros estilos de tiro. En general, para seleccionar las flechas, se recomienda seguir las tablas del fabricante, que nos darán una aproximación. Pero la única forma segura de elegir las flechas adecuadas, es probar varias opciones mediante el método de la flecha desnuda, hasta encontrar la que mejor se comporta. Debemos aclarar que elegir un spine muy "blando" es muy riesgoso, porque utilizar flechas muy blandas hace que se deterioren muy rápidamente.

Antes de seleccionar flechas muy costosas, podemos probar flechas más económicas del mismo fabricante, debido a las variaciones en la forma de medición entre distintas marcas. Si por ejemplo pensamos comprar flechas A/C/E de Easton, cuyo precio es ciertamente elevado, podemos realizar las primeras pruebas con flechas Carbon One, del mismo fabricante, pero mucho más económicas.

Una vez establecido el spine estático más aconsejable para nuestro equipo, debemos realizar las pruebas de flecha desnuda hasta encontrar la configuración óptima para nuestras flechas, el largo, punta, timones, etc.

También es necesario tener en cuenta el peso total de la flecha que está compuesto por el peso del astil, el de la punta, del nock y de los timones. Se debe considerar el g.p.i. o "grains per inch", que es un valor que nos indicará lo que va a pesar el astil de la flecha por cada pulgada de largo y nos da una idea del peso final que va a tener la flecha armada. Este es un parámetro utilizado casi exclusivamente en flechas de carbono, porque su spine no está tan relacionado con la cantidad de material utilizado y su peso como en las flechas de madera y aluminio. Es importante conocer el g.p.i. de nuestras flechas porque diferentes flechas de carbono del mismo spine, pueden tener muy distinto g.p.i. Como consecuencia, tendrán distinto peso y disparadas desde el mismo arco, tendrán diferente trayectoria.

La rectitud o "straightness" nos da una idea de la precisión potencial de las flechas y se mide en milésimas de pulgada. Las mejores flechas de tiro están garantizadas para tener menos de .001" de "torcedura". De allí en adelante se ofrecen distintos grados de rectitud o "straightness", .003" y hasta .008". Su importancia es discutida, pero en lo que la mayoría está de acuerdo es que para un principiante este es un factor irrelevante. Es común que muchos tiradores utilicen flechas de .003" sin mayores problemas para mantenerse en los primeros puestos y estas son las flechas preferidas para cazar. Por lo general, se considera que esta falta de rectitud es mayor en los extremos del astil. Por eso, cuando acortamos las flechas es aconsejable hacerlo cortando ambos extremos, cuando sea posible. Aunque, por supuesto, esto va a depender de la posibilidad de cortarlas. Si tensamos más de 31 pulg., apenas podremos cortar las flechas unos milímetros.

El F.O.C. (Front of Center), es la posición del centro de gravedad respecto del centro de la flecha, en porcentaje. Para que las flechas vuelen bien, el centro de gravedad de la flecha debe estar desplazado delante del centro de la flecha. Si el F.O.C. es muy bajo puede ocasionar vuelos erráticos y problemas de precisión. El peso de la punta es uno de los factores que más lo afectan, junto con el material del que está hecho el astil y, sobretodo, el g.p.i. Un peso determinado de punta, afectará más el F.O.C. en flechas con bajo g.p.i. que con alto g.p.i. A modo de ejemplo, citaremos que Easton recomienda un FOC de entre 11 y 16% para tiro F.I.T.A. o estilo olímpico. Para Tiro 3D, recomienda un FOC de entre 6 y 8 % y para Juego de Campo un F.O.C. de entre 10 a 15%.

Respecto de los timones el tema es muy variado, hay quienes usan los de goma (vanes) de diferente tipo y quienes prefieren los de mylar, SpingWing, GasPro o Elivanes. Cualquiera de estas opciones funciona, aunque los timones de mylar suelen ser más frágil, pero son más fáciles de reemplazar en el campo, sin necesidad de utilizar una emplumadora. Podemos descartar el uso de plumas naturales para las competencias de tiro, salvo las de Indoor. Las plumas son excelentes timones, pero se ven afectados por la humedad, que los deja virtualmente inutilizados. Dado que las competencias no se suspenden por lluvia, es muy probable que se tire muchas veces con mal tiempo. Luego de un par de horas bajo la lluvia, las plumas acumulan agua, dejan de funcionar correctamente y deterioran nuestra performance. Por ello, es mejor utilizar timones artificiales.

A los nocks no se les da mayor importancia, a pesar que son fundamentales. Todos los nocks comerciales andan muy bien, pero debemos asegurarnos que se ajusten correctamente a nuestra cuerda. Algunos nocks se aflojan al tensar, debido al ángulo que se produce y pueden caer antes del disparo, lo que puede terminar en un tiro en seco. Debemos controlar que esto no ocurra.

El largo de la flecha es otro factor importante a considerar por su efecto en la puesta a punto y porque condiciona el alcance o POD del equipo. Con flechas cortas tendremos un punto de apuntado más alto que permite alcanzar mayores distancias. Esto último ocurre porque debemos levantar más el arco para que la punta esté en el centro.

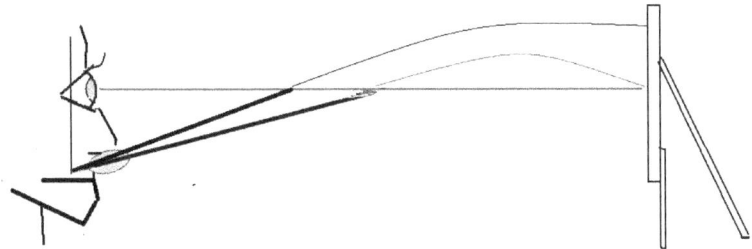

El tab

Esta es una herramienta fundamental del arquero raso, ya que brinda las referencias necesarias para tirar con precisión a diferentes distancias. Existe gran variedad de modelos y materiales. Por un lado, están los tabs más comunes, con separación de dedos como los de BlackWidow, Cartel, etc. y, por el otro, los enterizos para tirar con 3 dedos debajo o para StringWalking, como el Spigarelli, el A&F, entre otros. El material utilizado para la cara que entra en contacto con la cuerda, es de suma importancia ya que estará en contacto con la cuerda durante la suelta. Por años se utilizó el cuero vacuno, que funciona muy bien. El Cordobán está ganando popularidad, es un cuero equino, con mejor comportamiento que el vacuno, por su resistencia y suavidad. Hay también materiales sintéticos que parecen andar muy bien, pero nunca los probé.

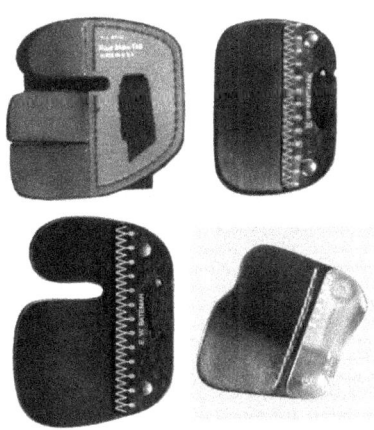

El tab afecta el spine dinámico de la flecha, al facilitar o dificultar la suelta. Por eso es aconsejable tener dos tabs tan idénticos como sea posible, a la hora de hacer la puesta a punto. Si utilizáramos un solo tab, la puesta a punto sería adecuada solo para ese.

La clave del tab para StringWalking está en las marcas, costuras y/o dibujos provistos de fábrica. Estas nos ayudarán a encontrar las distintas corridas para cada distancia. Estas marcas deben venir provistas por el fabricante o pueden ser agregadas por el arquero. En este último caso, deben ser de igual forma y tamaño. Esto se verá en más detalles en el **Capítulo 3.3**.

Accesorios del arquero

El arquero podrá utilizar los accesorios de uso normal en el deporte. Además del tab, necesitará un protector de brazo, no tanto para evitar que la cuerda golpee el brazo, como para que, si lo hace, esto desvíe la flecha lo menos posible. Una pechera también reducirá la probabilidad de que nuestra ropa interfiera en el recorrido de la cuerda, afectando el vuelo de la flecha. El bowsling resulta fundamental para evitar otra interferencia muy común, que es la provocada por agarrar el arco durante el disparo.

Por último, es fundamental llevar un registro detallado de los ajustes que vamos haciendo y de cómo se comporta nuestro equipo en cada uno de los entrenamientos y competencias. Estas anotaciones deben incluir información acerca de las condiciones ambientales, cómo nos sentíamos o cualquier otra cosa que haya llamado nuestra atención. Incluso, puede ser conveniente realizar dibujos de dónde impactaron nuestras flechas en el blanco, para mostrar tendencias extrañas que nos lleven a nuevos ajustes que mejoren el rendimiento del equipo. El registro, además, nos permitirá volver a un punto determinado del ajuste, así como detectar problemas y/o anomalías del equipo. No hace falta que sea nada especial, basta con una simple libreta o cuaderno. Es importante registrar todo, por más insignificante que parezca.

Módulo 2

PUESTA A CERO y AJUSTES BÁSICOS

Martín Godio

2.0

Preliminares

Antes que nada, es fundamental tener presente que **"Las ventajas relacionadas con la repetitividad del gesto de tiro** (forma) **son mucho mayores que las desventajas de la puesta a punto"** (Cinzia Noziglia). Debemos asegurarnos de tener una forma de tiro adecuada, tan biomecánicamente eficiente como sea posible. Con esto y una puesta a punto básica, usted podrá competir perfectamente con su arco raso.

De todas maneras, debemos poner el arco en condiciones para tirar en forma aceptable. Con estos ajustes básicos, el arco tirará bien desde un agarre intermedio y también tirará más o menos bien desde otros agarres. Sin embargo, para lograr los mejores resultados deberemos hacer los ajustes avanzados utilizando el método de la flecha desnuda, que veremos más adelante.

Los ajustes básicos del arco serán: el brace height, el tiller, el centershot y la posición del nocking point, (se verán en los capítulos siguientes de esta sección). Estos ajustes se realizan con el arco en reposo, es decir sin tensar y son de suma importancia porque nos dejan un arco que podemos denominar "normalizado". Esto es, una configuración promedio que resulta de suma importancia al practicar StringWalking. Como se vio en mi otro libro **"Manual de Armado y Puesta a Punto del Arco Recurvado"** ISBN 9789874252531, pueden realizarse estos ajustes accionando sobre el arco y/o sobre las flechas. Como, al caminar la cuerda, vamos cambiando la configuración del arco en cada toma, resulta fundamental hacer todos los ajustes posibles en las flechas y mantener la configuración del arco todo lo normalizado que sea posible.

El arco debe estar armado y alineado correctamente. No siempre es posible lograr la alineación exacta, las tolerancias y problemas de fabricación hacen que en ocasiones debamos alcanzar un compromiso que nos dé una alineación adecuada, pero no perfecta.

Estos ajustes básicos, que van a ser analizados en forma independiente, tienen una estrecha relación entre sí. Relación que es muy variable de acuerdo a las características del equipo, ajuste, componentes, equilibrio de fuerzas, etc. En un ensayo que realicé hace tiempo, fui variando el brace height de un arco mientras registraba, también, el tiller y el nocking point para cada caso. En el cuadro adjunto se pueden ver variaciones notables entre ellos. En ese arco en particular, al aumentar el brace height, varían el tiller y la posición del nocking point. Vale aclarar que estos valores son válidos para esta configuración, otro arco puede tener relaciones inversas o puede no variar en absoluto. Por eso es fundamental que, al cambiar cualquiera de los parámetros, controlemos los otros valores. Así, cuando realizamos ajustes, estos se vuelven verdaderos ciclos de ajustes.

Prueba de los cambios que se producen al variar el brace height

Brace Height	Nocking point	Tiller superior	Tiller inferior	Tiller
226	9,0	186	182	4
229	8,0	189	184	5
231	8,5	192	186	6
236	8,0	196	190	6
240	8,0	201	194	7

Arco de 72" - Spigarelli Explorer - Border TXG   XL

Todas las medidas son en milímetros.

2.1

Tiller estático

Este es el primer ajuste de la puesta a punto, aunque no es nunca definitivo. Debe ser revisado cada cierto tiempo, porque se ve afectado por otros cambios que realicemos en el equipo.

Se llama tiller a la diferencia de potencia entre las palas de un arco y esto condiciona, en gran medida, el funcionamiento dinámico del arco durante el tensado y la suelta. En el arco cada pala tira de la cuerda en forma más o menos independiente. Para que la flecha salga bien dirigida, es decir que vuele sin excesivas oscilaciones verticales, es necesario que la fuerza de ambas palas esté balanceada, pero no es necesario que sean iguales. A modo de ejemplo, pensemos que dos personas quieren llevar un bote a lo largo de un arroyo, tirando con sogas una desde cada orilla. Si una de ellas tira de su soga con más fuerza que la otra, el bote terminará encallando en la orilla correspondiente a la primera. El bote avanzará por el centro del arroyo, sólo si ambas realizan más o menos la misma fuerza. De la misma manera, la flecha volará bien, si la fuerza realizada por las palas es equilibrada.

Se pueden diferenciar dos tipos de tiller, el estático y el dinámico. El primero, es la relación de fuerza de las palas en reposo, es decir, con el arco armado, pero antes de tensarlo. Por otro lado, el tiller dinámico es la relación de potencia entre las palas con el arco tensado y se mide la posición de ambos tips con el arco tensado, como veremos más adelante.

El tiller estático se mide en forma indirecta, considerando la distancia entre la cuerda y cada extremo del riser. Cuanto más potente es una pala, más fuerte tirará de la cuerda acercándola al riser. La diferencia de potencia se mide en milímetros o fracciones de pulgada. Esta diferencia se calcula restando la distancia de la pala inferior a la de la superior. Si la distancia de la pala superior es mayor, se dice que el tiller es positivo, porque la resta da un resultado positivo. Si la distancia de la inferior fuera mayor, el tiller sería negativo, como el resultado de la resta. Si ambas palas tienen la misma fuerza, tirarán igual de la cuerda y la distancia será igual para ambas palas y se denomina tiller cero (tiller 0).

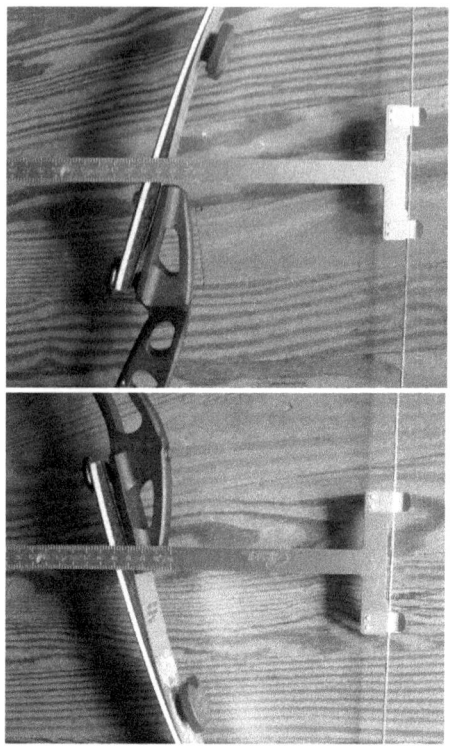

Debemos considerar que el nocking point (lugar donde colocamos el nock) está íntimamente relacionado con el tiller. Esto es porque, al mover el nocking point, estamos variando la distancia que tensamos cada pala. Un nocking point alto tirará un poco más de la pala superior que otro más bajo y vice versa. El nocking point es el ajuste fino del tiller. De esta manera, el tiller no resulta tan crítico desde el punto de vista del vuelo de la flecha, siempre y cuando los valores no sean extremos (no mayor a 10mm) y/o no nos obligue a establecer un nocking point demasiado alto o bajo. Si en las pruebas de ajuste, el nocking point resulta excesivamente alto o bajo, significa que el tiller está mal y sería aconsejable, por lo menos, revisarlo. La meta es tener todos los parámetros del arco dentro de los rangos normales, sino, corremos riesgo de estar compensando un error con otro.

No todos los arqueros prefieren el mismo tiller, algunos usan tiller positivo y otros tiller "0" y, unos pocos, prefieren tiller negativo. Esto depende, entre otras cosas, del diseño del grip del arco, por la forma en que este se siente. Un tiller determinado, no resultará igual de cómodo con un grip alto que con otro bajo. De la misma manera, el tiller afecta la verticalidad anteroposterior del arco y la sincronización de las palas. Con tiller muy extremo (valores muy altos), el arco puede quedar muy "echado" hacia atrás o hacia adelante. Eso puede verse claramente mirando al arquero con el arco tensado, desde un lado.

Lo esencial es lograr algún grado de sincronización entre ambas palas para que lleguen juntas al final de su recorrido. Si llegan a destiempo, se producen vibraciones y ruidos indeseables, que señalan que se está desperdiciando la energía del arco. Como venimos diciendo, el ajuste del tiller altera el equilibrio del movimiento de las palas. Con tiller positivo, la pala inferior es más fuerte que la superior, haciendo que, cuando se tensa el arco las palas se doblen de forma similar. Esto ocurre porque la pala inferior es más "dura" (rígida) y el centro de tensión está más arriba. Al tensar el arco, el arquero tirará de igual forma de ambas palas, manteniendo el riser vertical, porque las fuerzas por encima del punto de pivote son similares a las de la parte inferior. Cuando se libera la cuerda, habrá un equilibrio en la distancia que recorren cada una de las palas, haciendo que la punta de la flecha se desplace en una trayectoria más o menos recta y horizontal. El tiller positivo compensa el hecho de que estemos tensando el arco por encima del centro de la cuerda. Permitiendo que la pala superior trabaje menos y que, cuando soltemos la cuerda, ambas palas lleguen al final del recorrido al mismo tiempo. Esto asegura que el nock de la flecha sea empujado a lo largo de una trayectoria recta, desde el anclaje hasta que se desprenda de la cuerda.

Si las palas están ajustadas de modo que la superior sea más fuerte que la inferior (tiller negativo), la pala superior no se doblará tanto como la inferior y tirará más de la parte superior del riser hacia el arquero. Esto ocurre porque la fuerza por encima del punto de pivote es mayor que en la parte inferior. Cuando se libera la cuerda, puede haber un desequilibrio en la distancia que recorre cada pala, haciendo que el nock de la flecha no se desplace en el camino recto y horizontal que sería deseable. Así, durante el disparo, el nock se levanta y la flecha vuela con la punta hacia abajo. Esto en última instancia dependerá del grip y del arquero.

Puesta a punto del tiller

Cabe aclarar primero que el ajuste óptimo del tiller no es indispensable para el arquero que recién se inicia, porque interactúa con el nocking point. Existen varias formas de encontrar el tiller estático adecuado para nuestro arco. Una de estas maneras es controlar la estabilidad del arco mientras lo vamos tensando. Al tensarlo lentamente y manteniendo la mira en el blanco, analizamos qué pasa. Si no tiene mira, puede colocar un fósforo pegado al riser a modo de mira. A medida que vamos tensando controlamos el comportamiento de la mira, si esta se eleva, significa que la pala superior es demasiado fuerte (tiller negativo) y para corregirlo debemos bajar la potencia de la pala superior o aumentar la de la inferior. Si, por el contrario, al ir tensando la mira tiende a bajar, la pala inferior es demasiado fuerte y debemos disminuir su potencia.

Otra forma de encontrar el tiller adecuado, que es más subjetiva, consiste en controlar la forma en que se siente el grip del arco

StringWalking

en la mano, durante la tensada y sobre todo mientras apuntamos. Se controla la sensación del arco tensado en la mano del grip.

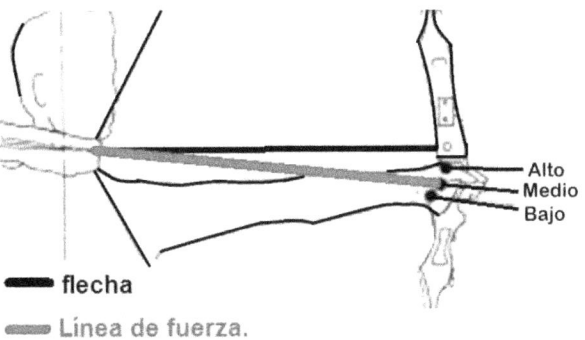

Aquí entra en juego uno de los temas menos comprendidos del ajuste del arco, la relación entre el tiller y el grip. Existe una gran diversidad de grips, bajos, medios y altos, inclinados hacia un lado u otro, etc. La incidencia fundamental del grip, más allá de la comodidad, está dada en el hecho que el ángulo del grip cambia la posición de la mano del arquero y, sobre todo, la posición del punto de presión. Un grip alto coloca el punto de presión de la mano, más cerca del centro del arco. A medida que cambia el ángulo del grip de alto a medio y a bajo, este punto de presión se va desplazando cada vez más lejos del centro del riser, cambiando la geometría del arco tensado. A esto se suma que no todos los risers tienen el grip a la misma distancia del centro. Es por todo esto que cada arquero prefiere un tiller diferente y debemos tomar con cierto cuidado los consejos de otros arqueros, aun de los mejores de mundo, y probarlo nosotros mismos.

Por último, el tiller dinámico se analizará en el **Capítulo 3.4**, ya que, por su importancia, merece un capítulo especial.

¿Cómo se regula?

El ajuste del tiller se realiza variando la pre-tensión o potencia individual de cada pala. Lo primero será medir el tiller actual y registrarlo en nuestra libreta. Luego, realizamos cualquiera de las pruebas vistas en este capítulo. Si el resultado de las pruebas es el esperado, el arco está listo para seguir con el resto de los ajustes. Si no nos satisface, deberemos ajustar el tiller.

Es recomendable realizar los ajustes con la cuerda desmontada de los tips para no dañar la superficie de las palas. Algunos, fabricantes, sin embargo, recomiendan hacerlo con el arco armado. El procedimiento es simple, debemos aflojar el sistema de fijación de los tornillos de potencia/tiller (consultar el manual de su arco). Luego, se gira el tornillo en el sentido de las agujas del reloj, para aumentar la potencia o pretensión de la pala y, por consiguiente, reducimos la distancia entre la cuerda y el cuerpo del arco. Si giramos en sentido contrario disminuimos la potencia y alejamos la cuerda del riser. La mayoría utiliza llaves Allen y podemos usarlas como guía para regular el grado de ajuste, movemos una vuelta, media vuelta o un cuarto de vuelta y nos ayuda a hacer un ajuste bastante fino. Hay que tener en cuenta que estos cambios modifican también la potencia del arco y su brace height, y, en consecuencia, pueden afectar el tunning o puesta a punto. Una forma de ajustar el tiller sin modificar la potencia, es mover los ajustes en sentido contrario. Esto es, en lugar de mover una vuelta en el sentido de las agujas del reloj en la pala superior, se mueve la mitad en esa pala y la otra mitad, en sentido contrario, en el otro tornillo. Es decir que aumentamos la potencia de una y disminuimos la de la otra para realizar el ajuste.

Una vez realizados los ajustes que creemos convenientes, armamos el arco y tiramos unos tiros previos para que todo se acomode, antes de volver a medir el tiller. Como estos ajustes los hicimos a ojo, es probable que debamos repetir el procedimiento un par de veces, hasta que quede como deseamos.

Por último, aunque los arcos ILF permiten regulaciones, no debemos sobrepasar sus límites porque corremos riesgo de dañarlos. La mayoría de los manuales indican el rango de ajuste máximo permitido. Pero debemos ser cuidadosos en la regulación del tiller, porque no suelen tener un límite claro.

2.2

Brace Height

El brace height es la distancia entre la cuerda y la parte profunda del grip. Es muy importante porque determina el recorrido a lo largo del cual la cuerda empujará la flecha, determinando el final de dicho recorrido y, también, la precarga de las palas, es decir, la forma en que están dobladas. Casi todos los fabricantes indican un rango de valores máximo y mínimo para el brace height de sus arcos, porque esto depende del diseño, forma y largo de las palas, etc.

Fistmelle recomendado por Hoyt.

Mango	Palas		
	Largas	Medianas	Cortas
21" Riser	8½–9" 21-22.8 cm	8–8 3/4 20.3-22.2 cm	8–8 ½ 20.3-21.5 cm
23" Riser	8½–9 ¼" 21.5–23.5 cm	8¼–9" 21–22.8 cm	8–8 3/4" 20.5–22 cm
25" Riser	8 3/4 – 9 ½" 22–24 cm	8 ½ – 9 ¼" 21.5–23.5 cm	8 ¼–9" 21–22.8 cm
27" Riser	8 3/4 – 9 ½" 22–24 cm	8 ½ – 9 ¼" 21.5–23.5 cm	8 ¼–9" 21–22.8 cm

Para medir el brace height se utiliza la escuadra de arquería. Resulta muy útil escribir el rango de valor adecuado de brace height directamente sobre la escuadra, para no tener que buscar la recomendación del fabricante cada vez que queramos comprobarlo. Algunos arqueros miden el brace height apoyando la parte ancha de la escuadra en el grip y midiendo el valor donde contacta la cuerda. Yo encuentro más exacto simple y repetible medirlo colocando la regla en la cuerda y tomando la medida en el button, justo en donde hacen contacto la regla y el embolo del button.

Importancia

Los cambios de brace height afectan la performance del arco de dos maneras. En primer lugar, porque determina el punto final del recorrido de la cuerda y, de esta manera, la distancia durante la cual la cuerda empuja la flecha. Ese empuje se desarrollará desde nuestra posición de tensado máximo, que depende de nuestro largo de tensado y hasta la posición del brace height, donde

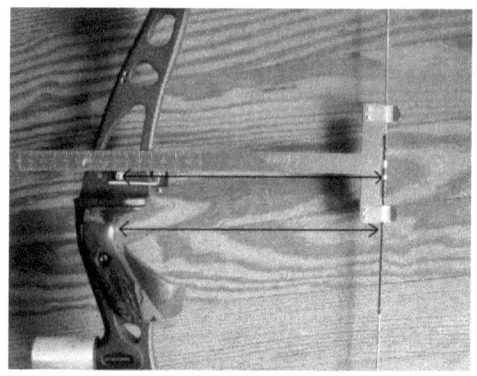

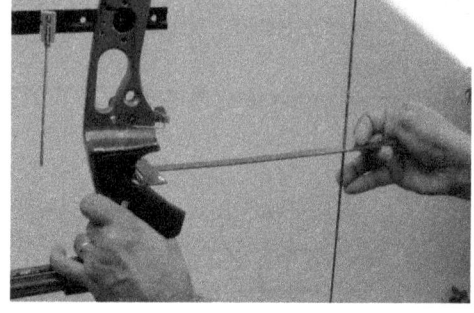

termina el recorrido de la cuerda. En realidad, con el disparo la cuerda avanza más allá del brace height y la flecha se desprende en ese otro punto. Sin embargo, desde el punto de vista práctico, podemos considerar el brace height como el final del recorrido. El punto del recorrido en el que el nock se desprende de la cuerda es de gran importancia. Es recomendable que esto ocurra cuando la cuerda pasa por la línea recta del recorrido de la flecha.

En segundo lugar, el brace height regula la tensión de la cuerda y la precarga de las palas, es decir la fuerza que las palas almacenan en reposo. Con un brace height demasiado bajo, la fuerza de las palas del arco disminuye y el arco se siente "flojo". Por otro lado, un brace height muy alto fuerza mucho las palas, reduce el recorrido del empuje restándole velocidad al arco y puede llegar a dañar las palas. El brace height óptimo se encontrará en algún punto entre los valores recomendados por el fabricante.

StringWalking

La pre-tensión de las palas va a afectar también el tiller adecuado. Básicamente, con el brace height buscamos encontrar una geometría determinada de las palas, la que pensó quien diseñó las palas. Es decir que regula que las palas, en reposo, estén dobladas de una forma determinada. Al cambiar la potencia, también cambia la forma en que se doblan las palas. A máxima potencia, la precarga será alta y, para un brace height determinado, las palas estarán más flexionadas. Si queremos volver a la forma en que estaban dobladas antes, deberemos bajar el brace height y la geometría se acomodará. Lo mismo ocurre si disminuimos la potencia. De esta manera, si la precarga es alta, lo más probable es que el brace height óptimo se encuentre cerca del extremo más bajo recomendado por el fabricante. Si la precarga es baja, el brace height adecuado debería estar más cerca del otro extremo. Border Archery, por ejemplo, recomienda establecer el brace height de acuerdo a la forma en que se dobla la parte central de las palas.

Ajuste

El ajuste grueso del brace height se realiza al elegir el largo de la cuerda y por eso es fundamental usar la cuerda de longitud adecuada. El ajuste fino del brace height se hace torciendo o destorciendo dicha cuerda. A medida que torcemos la cuerda, esta se va acortando y el brace height aumenta. Para proceder a realizar un ajuste debemos primero desarmar la cuerda del arco y desenganchar uno de los lazos de la pala. Una vez liberado el extremo de la cuerda, lo giramos tres o cuatro veces en el sentido que está retorcida si queremos acortar la cuerda y aumentar el brace height. Si, por el contrario, queremos disminuirlo, debemos quitarle vueltas a la cuerda.

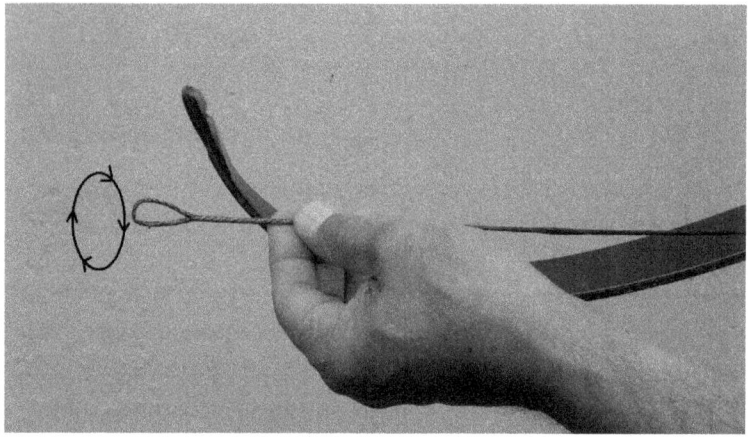

Dentro del margen que da el fabricante, el brace height adecuado se encuentra por prueba y error, buscando el punto donde el arco vibra menos y es menos ruidoso al disparar. El brace height óptimo será aquel en el que la mayor parte de la energía se transfiere a la flecha. El ruido y la vibración, es energía que se desperdicia, cuanto menos ruido y vibración, mayor energía se transfiere a la flecha. Cuando nos desviamos de este punto óptimo, más energía se libera en forma de ruido y vibración, restándole velocidad a la flecha, haciendo el tiro más ineficiente.

Debemos tirar algunas flechas con un brace height cercano a uno de los extremos recomendados por el fabricante. Puede ser el máximo o el mínimo dependiendo de lo que estemos buscando. A continuación, desmontamos la cuerda y le damos o le quitamos o agregamos 3 o 4 vueltas; lo armamos y tiramos nuevamente, siempre prestando atención al ruido y vibraciones. Repetimos el proceso hasta que notemos que el ruido es mínimo. Aun cuando lleguemos a un punto que nos parezca silencioso, debemos seguir variando el brace height hasta que volvamos a notarlo ruidoso. De allí, volvemos en sentido contrario hasta ese punto que nos pareció más calmo y silencioso. Ese será nuestro brace height adecuado, por ahora. Los cambios en el equipo o en su configuración pueden hacer que sea necesario revisarlo más adelante.

En el caso de tirar con un solo agarre, haremos las pruebas con dicho agarre. Cuando tiramos en StringWalking, con diferentes agarres, el arco es bastante ruidoso, sobre todo cuando nos alejamos del nock. Por eso, es aconsejable hacer las pruebas con los dedos cerca del nock, que es el agarre más tranquilo y silencioso. El sentido de esta prueba sigue siendo encontrar el punto en el cual las palas transmiten toda la fuerza posible a la flecha.

Si con todas estas pruebas, no puede silenciar el arco, debe haber otro problema. Puede ser que esté usando flechas demasiado livianas o de spine equivocado. Si las flechas son muy duras o muy blandas, golpearán contra el riser al pasar causando ruidos. Puede haber algo flojo en el equipo, que puede ser la fuente del ruido. Si seguimos sin lograr bajar el ruido, deberíamos probar un cambio de tiller, tema que vimos en el capítulo anterior. Si el arco no tiene problemas ni está dañado, podremos encontrar un brace height que lo deje silencioso con un agarre próximo al nock.

En general, se considera que un brace height bajo da mayor velocidad la flecha y un brace height alto hace que el arco perdone más los errores del arquero, aunque esto es muy discutido. Algunos recomiendan dejar el brace height en la zona media, pero, en mi experiencia, el brace height adecuado se suele ubicar cerca de alguno de los extremos. Es importante aclarar que dos arcos pueden tener un brace height óptimo diferente, aunque sean de la misma marca y modelo, el valor adecuado sólo se puede encontrar por prueba y error. De igual manera, el mismo arco puede tener un brace height óptimo distinto si lo regulan distintos tiradores.

Por último, todo cambio de brace height afecta también la forma en que funcionan las palas, la forma en que se doblan. Las palas no funcionan de la misma manera a lo largo de todo su recorrido y, al variar el brace height muchas veces varían otros factores como el tiller estático y el dinámico. En el primer caso habrá que volver a controlarlo. En el segundo caso, el tiller dinámico va a afectar la puesta a punto del arco, debido a que cambia el funcionamiento de cada pala. Esto es porque varía la forma en que aumenta la potencia de cada una y esto a su vez, afecta la potencia en cada uno de los puntos de la corrida. Es por todo esto que, luego del tiller inicial, debemos establecer el mejor brace height para nuestro equipo.

2.3

Puesta a cero

Llamaremos puesta a cero a los otros ajustes que debemos realizar en el arco para ponerlo en condiciones para tirar razonablemente bien. En este capítulo, veremos la regulación de la potencia, el control del ajuste del nock a la cuerda, la posición del nocking point y el apoyo lateral de la flecha en el button. Con estos ajustes, la flecha no volará perfecta, pero lo hará en forma aceptable. Los ajustes finales, para que la flecha vuele realmente bien, serán analizados en la siguiente sección.

Potencia

Para iniciar los ajustes es aconsejable poner los tornillos de potencia/tiller cerca del mínimo. Esto nos dejará margen de corrección si, luego de los ajustes, las flechas nos quedan demasiado "duras". Si empezáramos los ajustes con el arco a su máxima potencia y nos pasamos de dureza, no nos quedará posibilidad de ajuste, salvo si cambiamos las palas del arco por otras más potentes.

Ajuste del nock

El ajuste entre la flecha y la cuerda del arco debe ser adecuado. Si el ajuste es demasiado flojo, la flecha puede caerse durante el tensado, o peor, justo en el momento de la suelta, con lo que se produce un tiro en seco o "dry fire". Las palas del arco soportan miles de tiros en condiciones normales, cuando la energía es absorbida por la flecha, pero no soportan los tiros en seco.

Si, por otra parte, el nock queda muy apretado, cuando la flecha se desprende de la cuerda se producirá un "tirón" y su vuelo será errático, dificultando la puesta a punto. Este "tirón" producirá lecturas falsas cuando hagamos las pruebas, provocando que se vuelva muy difícil lograr ajustar el arco.

La relación que se establece entre el tamaño de la ranura del nock y el diámetro del servinado a la altura del nocking point, es crítica. Hay dos medidas principales de nocks, los de 0,088 pulg. (2,24 mm) y los de 0,098 pulg. (2,49 mm). Estos deben tener la medida adecuada para la cuerda que va a utilizar o se deberá estar dispuesto a ajustar el servinado al nock. Saber si el nock de la flecha se ajusta a nuestra cuerda es muy simple.

En primer lugar, debemos prestar mucha atención a sentir un "click" cuando colocamos el nock en la cuerda. Se nota claramente cuando es demasiado pequeño, porque debemos hacer mucha fuerza para que calce. Probaremos también que la cuerda gire dentro del nock con facilidad. Por último, tenemos que controlar que el nock se mantenga en la cuerda, pero que al mismo tiempo se desprenda con facilidad. Para ello, colocamos una flecha en la cuerda y ponemos el arco en posición horizontal, de manera que la flecha quede colgando.

En esa posición, la flecha debe permanecer colgada, si no lo hace, el nock es demasiado grande o el servinado demasiado fino. Si permanece colgada, golpeamos la cuerda con un dedo. Si la flecha se desprende con facilidad, el ajuste es correcto, si no es demasiado duro.

Si el ajuste no es adecuado, podemos cambiar los nocks por otros de la medida adecuada. Si no podemos o no queremos cambiarlos, podemos modificar el diámetro de la cuerda en el servinado central. Esto se puede hacer usando otro hilo para servinar (de distinto diámetro) o agregando uno o dos hilos, del mismo material de la cuerda, debajo del servinado. Con esto podemos ir probando y lograr, muy fácilmente, el diámetro deseado en la zona del nocking point. Lo que nunca debemos hacer es alterar el nock de cualquier manera para que ajuste.

Nocking point

El nocking point define el lugar donde colocaremos la flecha y está íntimamente relacionado con el tiller, si lo cambiamos, vamos a tener que comprobar su posición nuevamente. El nocking point condiciona la componente vertical del vuelo de la flecha.

Su posición se marca por medio de uno o dos resaltes en el servinado central. La idea es que, además de indicar la posición donde va el nock de la flecha, estos resaltes eviten que cambie de posición en la cuerda durante el disparo. Si el nock se desplazara durante el disparo, y como ese movimiento no será igual en todos los tiros, la flecha saldrá desde "distintos nocking points" y veremos una dispersión vertical en el blanco. Se puede usar un solo nocking point, encima del nock, o dos, uno arriba y el otro debajo del nock. Para StringWalking es recomendable usar dos resaltes, para mayor seguridad.

Se puede fabricar un nocking point con cualquier cosa, un trozo de hilo, un poco de cinta adhesiva, etc. Al principio, mientras estamos ajustando la posición del nocking point, pueden usarse resaltes provisorios, hechos con una tira angosta de cinta adhesiva, colocada alrededor de la cuerda. Existen nocking point metálicos que se aplican con una pinza especial, son muy prácticos, rápidos y fáciles de mover en la cuerda para afinar los ajustes. Es muy simple hacer los resaltes atando un trozo de hilo grueso o con material de cuerda (Dacrón, D97, etc.).

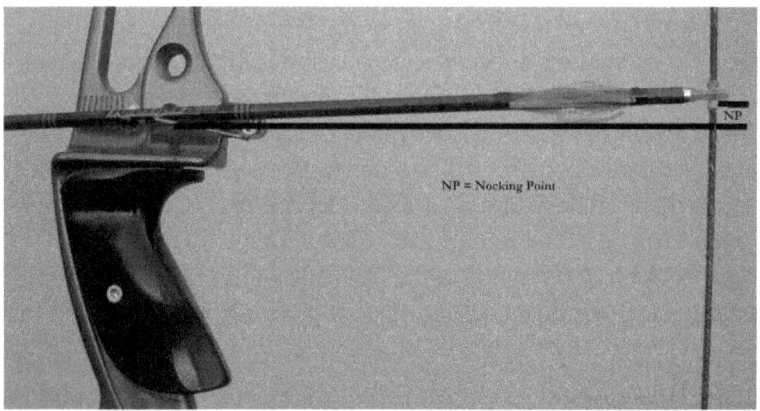

Hay varias formas de atarlos, pero hay que tener en cuenta que siempre debe quedar lo más cilíndrico posible. Una opción es hacer nudos alternando los lados, un nudo en un lado de la cuerda y luego otro nudo del otro lado. Así cuatro o seis veces. El remanente se corta y se quema, apretando, para que el material derretido se pegue y se suelde. Los nudos deben estar suficientemente apretados para que los resaltes no se desplacen por el servinado, pero, al mismo tiempo, debemos poder rotarlos con cierto esfuerzo. De esta manera, al girarlos, se desplazan hacia arriba o hacia abajo, en el servinado (como si fuera una tuerca). Esto permite moverlos y realizar un ajuste fino de la posición del nock. Los nocking points no tiene que ser muy grandes ni muy largos, solo necesitamos que la posición del nock en la cuerda no se mueva.

Para las primeras pruebas podemos ubicar los nocking points centrados en la regla como puede verse en la foto. de la página siguiente. Es decir que el borde superior del nocking point inferior estará a 6mm sobre la perpendicular y el otro a 10mm como se ve en la foto. Este método, explicado por Ivan Yotov en una clínica, me ha dado excelentes resultados por años, como nocking point inicial.

Es muy importante dejar una distancia adecuada entre ambos resaltes, distancia tal que permita un pequeño movimiento del nock. Cuando tensamos la cuerda, esta toma un ángulo respecto de la vertical y se reduce la distancia vertical entre los resaltes. Si están muy juntos estos pueden apretar el nock y trabarlo.

Centershot

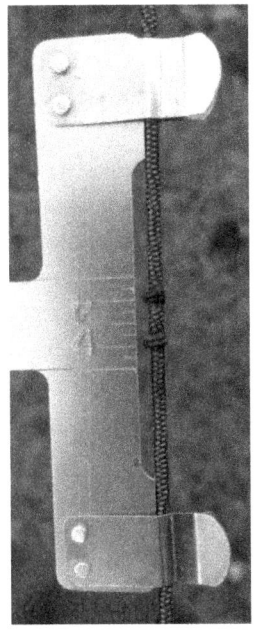

A continuación, debemos ajustar el arco en el plano horizontal, esto es, la dirección lateral de la flecha, ajustando el button o botón de presión, que determinará por dónde pasará la flecha respecto del centro del arco, de allí su nombre: "centershot". Esto es muy importante porque la posición del button determina, entre otras cosas, la primera flexión de la flecha.

Inicialmente, será recomendable regular el resorte del button a una tensión intermedia. Colocamos en el button el resorte mediano (si es que hay varios) y lo regulamos a la mitad del recorrido. Para esto, aflojamos la tensión hasta que el pistón apenas apoye en el resorte, casi sin tensión. De allí, giramos la regulación del button en sentido horario, hasta que haga tope en el fondo, mientras contamos las vueltas necesarias. Por ejemplo, dimos 12 vueltas, así que giramos la cabeza del button en sentido contrario la mitad de esas vueltas, 6 vueltas para este ejemplo. Luego colocamos procedemos a ajustar su posición (centershot).

Para ello debemos controlar cuánto sobresale el button del interior de la ventana del riser. Colocamos una flecha en el arco y, mirándolo desde atrás de manera que la cuerda lo divida por la mitad, vemos cómo queda la flecha respecto de este plano medio del arco. En la mayoría de los manuales se recomienda que la punta de la flecha asome un poco hacia afuera del arco (Tradicional). Es decir que sobresalga para la izquierda si el arquero es diestro y para la derecha si es zurdo. La punta debe sobresalir, a lo sumo su ancho punta, aunque es mejor que lo haga solo la mitad. La razón por la que se considera necesario contar con este ángulo hacia afuera, es que los dedos del arquero no liberan la cuerda en forma perfecta. Al soltar, la cuerda se desplaza hacia fuera de la línea central. El centershot desplazado hacia afuera compensa este movimiento lateral.

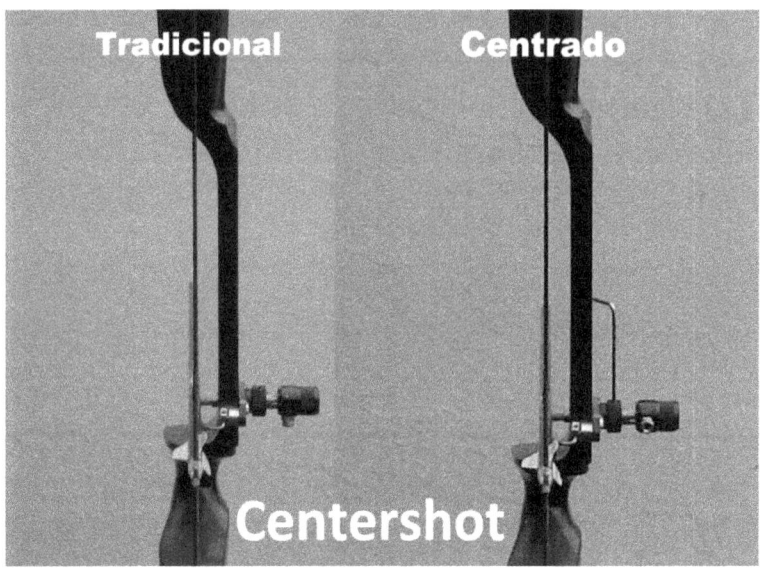

Otros autores (yo coincido con ellos) prefieren colocar la flecha justo en línea con el plano medio del arco (Centrado). Recordemos que esta es la posición inicial, cuando hagamos la puesta a punto, podremos moverlo hacia la izquierda o, incluso hacia la derecha ("hacia adentro"), si fuera necesario. Una vez encontrada la posición adecuada, debemos fijar el button, apretando el o los prisioneros para que no se afloje por las vibraciones.

Es fundamental asegurarnos que la flecha apoye en el centro o un poco por debajo del centro émbolo del button, para que este funcione en forma adecuada. Cada vez que cambiamos el centershot, movemos la flecha lateralmente en el rest y, como su brazo está inclinado, puede variar la posición vertical de la fle-

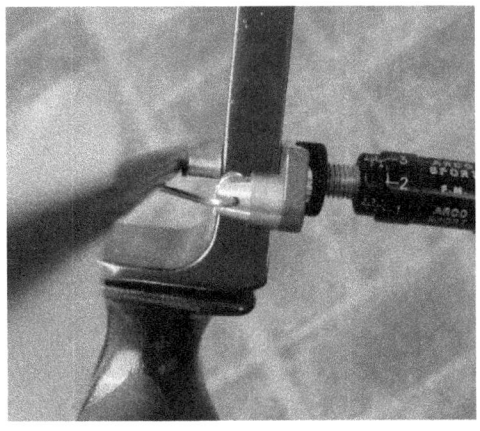

cha. Hay que controlar, todas las veces, que la posición vertical de la flecha no varíe. Si esto hubiera ocurrido, procederemos a regular el rest en altura para que la flecha esté bien apoyada, sin que se caiga o sobresalga mucho.

Listo para empezar a tirar

Una vez realizados estos ajustes, el arco estará en condiciones de tirar más o menos bien. Es probable que, si elegimos las flechas adecuadas y realizamos los ajustes necesarios, estas volarán razonablemente bien como para ir practicando por un tiempo. En ocasiones, el arco así ajustado, queda tirando bien en todos los agarres. En ese caso, realizaremos las pruebas del módulo siguiente solo para confirmar que las flechas vuelen bien a todas las distancias. Pero, es más común encontrar desvíos laterales de las flechas a ciertas distancias. Lo que generalmente ocurre es que, tomando la cuerda para corta distancia (más lejos del nock), las flechas agruparán sobre la izquierda, comportándose como si fueran "duras". En cambio, cuando tomamos la cuerda para tirar a larga distancia (más cerca del nock) impactarán sobre la derecha, como si fueran "blandas". Sin embargo, algunos arqueros encuentran un efecto similar, pero en sentido inverso. Ver **Capítulo 1.2.**

Tenemos dos opciones, podemos utilizar nuestro equipo como

está, solo con la puesta a punto inicial o podemos continuar con los ajustes. En el primer caso, deberemos hacer pruebas para ver cómo tira a cada distancia. Una vez que conozcamos el comportamiento del arco en todos los agarres/distancias, podremos realizar las correcciones de tiro necesarias para dar siempre en la zona central del blanco. Pero si queremos tirar a todas las distancias sin necesidad de hacer correcciones laterales, deberemos hacer una puesta a punto más detallada.

Si usted todavía no ha desarrollado una técnica de tiro depurada, con estos ajustes le bastará para tirar por un tiempo. El ajuste siempre dependerá de nuestra forma de tiro, si nuestras flechas no agrupan, es muy difícil hacer el diagnóstico adecuado y necesario para poder hacer las correcciones de ajuste del arco y las flechas, como veremos en el módulo siguiente.

Módulo 3

AJUSTES AVANZADOS

Martín Godio

3.0

Puesta a punto para StringWalking

Se puede practicar StringWalking con el arco ajustado como vimos en el módulo anterior. Pero, si las flechas no vuelan derecho al centro y usted desea obtener el máximo rendimiento, sería aconsejable realizar ajustes más finos para poder optimizar la performance del equipo. Vale aclarar que algunos arqueros están satisfechos con el ajuste básico que vimos en la sección anterior y tiran realizando las correcciones laterales correspondientes para cada distancia.

La puesta a punto de un arco con un solo agarre es relativamente simple y directa si la comparamos con la puesta a punto para StringWalking. Con una sola toma de la cuerda, el arco siempre funciona igual. Por el contrario, al tirar con StringWalking, vamos a tomar la cuerda en distintos lugares de acuerdo a la distancia de tiro. Esto hace que la configuración del arco vaya cambiando con cada agarre y que, por eso, se dificulte la puesta a punto perfecta en todas las tomas.

Iniciaremos la puesta a punto desde un solo punto de agarre, que llamaremos agarre o distancia "promedio". Desde esta toma vamos a tirar para realizar la puesta a punto inicial. Es decir que tiraremos con los dedos en la cuerda puestos para esa distancia "promedio" y haremos todo el proceso de ajuste inicial, siempre tomando la cuerda desde allí. La puesta a punto no será perfecta en todas las distancias, pero se logrará un compromiso aceptable que nos permitirá tener un buen ajuste inicial en todas ellas.

Si se quiere tener el arco y las flechas bien ajustados, habrá que trabajar más. En realidad, el ajuste es un trabajo constante, siempre hay algo que acomodar para mejorar la puesta a punto ya que no todos los días tiramos de la misma manera. Cada vez que cambiemos algún componente o parámetro, como cuerda, tiller, etc. tendremos que volver a revisar todos los ajustes nuevamente. Aún si no hacemos cambios, el proceso de ajuste debe ser constante, por lo menos una vez al mes deberíamos chequearlo. Por eso, siempre es aconsejable tener un par de flechas sin timones en el carcaj.

Agarres y distancias

Como dijimos, debemos definir un agarre "promedio" que nos permita realizar las pruebas desde una sola posición en la cuerda. El ARCO RASO puede participar de todo tipo de pruebas. Juego de Campo y el 3D son las competencias tradicionales del raso, la incorporación de las competencias de Indoor o Aire Libre han ampliado las posibilidades. Encontrar el agarre adecuado para una puesta a punto en estas dos últimas modalidades es simple, se hará las pruebas y/o ajustes con el agarre correspondiente para la distancia de cada competencia, ya que son fijas. Es decir que, para Indoor, ajustaremos nuestro arco con el agarre de 18m y para Aire Libre, con el agarre de 50 m. Bastará con ajustar el arco a estas distancias para que las flechas peguen en el centro a esas distancias, no importa demasiado qué ocurre en el camino.

Por el contrario, en competencias de Juego de Campo o 3D, la puesta a punto es mucho más compleja, porque las distancias de tiro cambian en forma continua y tenemos que dar en el centro también en todas las distancias intermedias, 12m, 33m, 41m, etc. No es fácil lograr una puesta a punto perfecta en todos los agarres, por eso, se busca ese agarre/distancia de compromiso. Luego podremos pasar a los sistemas de puesta a punto específicos para StringWalking. Tradicionalmente se busca un agarre/distancia promedio, entre la distancia más larga y la más corta de la competencia. Para 3D estas son 5m y 30m, entonces este promedio será 17,5m. Es decir, que haremos las pruebas y/o correcciones con los dedos puestos en la cuerda para tirar a 18m (redondeamos los 17,5m). Para Juego de Campo, los blancos estarán entre los 5m y 50m. Así, promediando, la distancia promedio será 27,5m. Es decir, que haremos las pruebas y/o correcciones con el agarre de 27,5m, ubicado generalmente justo a la mitad entre el de 25 y el de 30m.

Berti Ferruccio, en sus excelentes videos de YouTube, presenta otra opción, ajustar el arco con el agarre de 18m de manera de tener mayor precisión a corta distancia, para dar en el "6" más veces y lograr, así, mayores puntajes.

DESCONOCIDAS	5	10	15	20	25	30	35	40	45	50
20cm										
40cm										
60cm										
80cm										

CONOCIDAS	5	10	15	20	25	30	35	40	45	50
20cm										
40cm										
60cm										
80cm										

Si analizamos las distancias de los distintos blancos de Juego de Campo, en la etapa clasificatoria, vemos que de los 24 blancos solo uno está a 50m, poniendo en juego solo tres flechas (de las 72 del torneo). Tendremos también, un solo blanco a 45m en el recorrido de distancias conocidas y algún otro en el recorrido de desconocidas. Sabemos que cada flecha es importante, pero si comparamos la cantidad de blancos para cada distancia, veremos que, en el recorrido de distancias desconocidas, más del 75% de los blancos están entre 5 y 30m. Solo algunos blancos de 80cm podrán estar entre 30 y 45m. En la ronda de distancias conocidas más del 50% de los blancos están a menos de 30m y es más difícil hacer un "6" más allá de los 30m. Por todo esto, algunos recomiendan realizar la puesta a punto desde el agarre/distancia de 18m, que de paso nos sirve para Indoor.

Con el nuevo sistema de finales, que entró en vigencia en el Campeonato Mundial de Juego de Campo en Cortina, Italia, en septiembre de 2018, cambiaron los criterios. Antes, las finales se desarrollaban en forma similar a la etapa clasificatoria, solo que con menos blancos. A partir de Cortina, en las finales nacionales y mundiales, la configuración es mucho más compleja y responde a un organigrama especial. Luego de la clasificación inicial solo los primeros 22 arqueros pasan a la siguiente etapa. De ellos, los dos primeros pasan directamente a semifinales. Los otros 20 arqueros, forman cuatro grupos (A, B, C y D) y, de acuerdo a su posición en la clasificación, se ubican en cada grupo. A continuación, los arqueros de cada grupo deberán hacer una serie de duelos, por pares, hasta que solo quede un arquero ganador por grupo. Estos competirán entre sí, el ganador del grupo A contra el del grupo B y el del C contra el del D. Quedarán, así, solo dos arqueros, los ganadores AB y CD. Estos duelos se desarrollan en un campo de seis blancos distribuidos frente a unas gradas que permiten

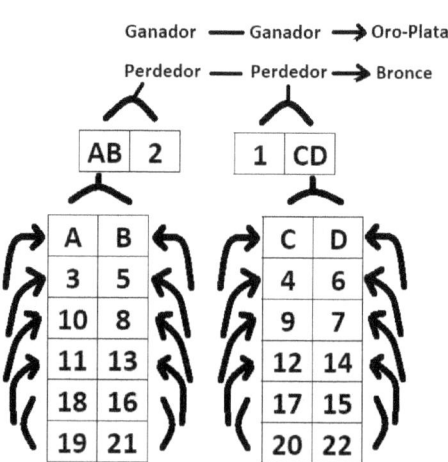

que el público presencie la competencia y, en el caso de las finales, que pueda ser televisado. En el caso de Cortina, en las semifinales, se tiró un blanco de 20cm a diferentes distancias, 5, 10 o 15m, según elección del juez en el momento. Se tiraron dos blancos de 40cm a 10, 20 y/o 25 metros, también a elección del juez. Se tiraron otros dos blancos de 60 cm a 30, 35 y/o 40m y finalmente uno de 80cm a 40, 45 o 50m. Por último, estos dos ganadores (AB y CD) compitieron, en semifinales, con el primer y segundo puesto de la clasificación, que habían pasado directamente. Los ganadores de estos últimos duelos participaron de la final por el oro y los perdedores por el bronce. En las finales se tiraron solo cuatro blancos, el de 20cm a 10m, el de 40cm a 20m, el de 60cm a 35m y el de 80cm a 50m, con un ángulo de tiro de casi 40°. Esto hizo que los puntajes de los blancos a más de 30m, fueran significativos. Es decir que el blanco de 50m puso en juego el 25% de los puntos. Esto cambia las cosas, tener un buen ajuste a las mayores distancias cobra relevancia.

De esta manera, no basta con tener el arco ajustado a corta distancia y necesitamos un mejor ajuste en todas las distancias. Pero, debemos ser realistas, cuando nos iniciamos y tenemos poca probabilidad de pelear los primeros puestos, nos bastará con el ajuste a corta distancia. A medida que avancemos debemos afinar nuestra puesta a punto que, como dijimos, es constante. En lo personal, encuentro más que razonable participar en competencias de Indoor y Aire Libre, por lo menos a modo de práctica.

Agarre promedio

Nos queda entonces la tarea de encontrar el agarre elegido, en mi caso el de 27,5m, para controlar y corregir los ajustes del arco con sus flechas. Para ello, debemos hacer algunas pruebas. Lo primero será pegar un trozo de cinta sobre el tab, donde podamos escribir. Pondremos una cinta sobre la parte rígida del tab, en forma paralela a las costuras. En StringWalking, para encontrar las distintas corridas, no hacen falta cálculos complicados, sólo hay que probar y ver donde pega. Haremos una marca en la cinta a unos 2,5cm del borde superior. Esta distancia suele corresponder al agarre de 25-30m, aunque esto va a depender de las características de nuestro equipo y nuestro punto de anclaje, entre otras cosas, como veremos más adelante.

Para las pruebas en sí, necesitaremos una contención grande (1m x 1m) con una marca para apuntar colocada en la zona central. Hará falta, también, un lugar que nos permita tirar a entre 10m y 30m. Haremos los primeros tiros a corta distancia (8 a 10m), tomando la cuerda en el agarre de la marca. Tiraremos tres o cuatro flechas con este agarre y vemos dónde impactan. Si las flechas dieron, un poco altas o bajas, pero cerca del centro, volvemos a realizar la prueba a 15, luego a 20 y finalmente a 27m. Ahora sí veremos donde impactan las flechas. Si dieron altas, haremos otra marca debajo de la anterior y volvemos a probar. Si las flechas dieran debajo, debemos colocar otra marca encima de la anterior y probamos nuevamente. Haremos pequeños ajustes en las marcas de la cinta del tab hasta encontrar el agarre que nos asegure que las flechas den en el lugar al que apuntamos

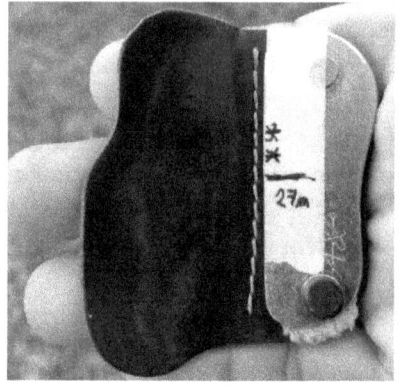

Una vez definida la marca para el agarre de 27m, mediremos la distancia, en milímetros, entre al borde superior del tab y la anotamos en nuestra libreta para referencias posteriores. También anotaremos cuál es la costura que corresponde a la marca para referencias posteriores. Finalmente, cambiamos la cinta por otra nueva y colocamos la marca de los 27m. De aquí en adelante, realizamos ajustes con ese agarre.

3.1

Factores de la Puesta a Punto

Llamaremos puesta a punto a los procesos que debemos realizar para ajustar el arco y las flechas de manera tal que estas vuelen bien, logrando el mayor grado de precisión posible. En resumen, lograr que ambos funcionen en forma armónica. Un arco bien ajustado con sus flechas, será mucho más preciso que otro sin ajustar. Por supuesto, lo más importante es el arquero, pero un arco correctamente puesto a punto, perdona mucho más los inevitables errores en la forma de tiro.

Aquí analizaremos, en forma general, aquellos factores que podemos variar para lograr la puesta a punto del equipo. Para un análisis más detallado del tema se puede consultar mi libro **"Manual de Armado y Puesta a Punto del Arco Recurvado" ISBN 9789874252531.**

Es importante destacar que la puesta a punto para StringWalking es mucho más demandante para el equipo y, por ello, debe ser lo más afinada posible. En el equipo hay dos ejes de ajuste, por un lado, los ajustes en las flechas y, por otro, los ajustes en el arco. Para tirar desde un agarre único, el eje sobre el que trabajemos es menos crítico. Podemos forzar los ajustes del arco, usando un centershot excesivo, tensiones extremas del resorte del button, etc., de manera de ajustar el arco a las flechas que deseamos utilizar. Esto no funciona bien al tirar con StringWalking, porque, si forzamos el ajuste del equipo, este tunning sólo servirá para un agarre específico y no lo hará con los otros agarres. Una puesta a punto equilibrada, manteniendo los parámetros del arco dentro de márgenes razonables, nos dará la posibilidad de hacer un mejor ajuste, que funcione para todos lo agarres. Por eso, resulta recomendable tener en un ajuste neutro del arco y trabajar en las flechas.

El arquero
El arquero es la pieza clave y, sin duda, el factor más importante y el más difícil de "ajustar". El tunning o puesta a punto será tan bueno como la habilidad que tenga el arquero para agrupar las flechas. De todas maneras, cuanto más cerca estemos de una puesta a punto perfecta, mejor será nuestro desempeño. Con un arco desajustado es muy difícil lograr buenos grupos. No importa el grado de evolución que tenga dentro del deporte, usted tirará tan bien como pueda bajo estas circunstancias. La puesta a punto de nuestro arco estará ajustada a nuestra forma de tiro.

La puesta a punto es personal, un arco ajustado por un arquero, estará desajustado para otro. Por eso, si bien un amigo o un entrenador puede darnos instrucciones o realizar los ajustes de distintos componentes, es el arquero quien deberá tirar sus flechas. Su forma de tiro, suelta, etc. serán factores que afecten su puesta a punto.

La flecha
Este es un elemento tan importante como el arco para lograr buenos resultados. El mejor de los arcos no será preciso si tiramos flechas defectuosas, desparejas o torcidas. En cambio, un arco de mediana calidad, tirará bastante bien con buenas flechas. Afortunadamente casi todas las flechas comerciales son buenas y, aunque algunas son mejores que otras, podemos decir que no hay flechas malas. Entonces, lo primero será conseguir flechas adecuadas para nuestro arco. Para ello, deberá asesorarse correctamente con un entrenador o alguien experimentado. Debemos analizar los componentes disponibles para armar flechas, considerando sus ventajas y desventajas. Con toda esa información, podremos elegir el tipo de flecha que mejor se adapte a nuestro estilo. Existen tablas, programas y páginas de Internet, donde podremos buscar. La elección de una flecha que se ajuste

a nuestro arco es el primer punto crítico para obtener un buen desempeño. Para elegir la flecha, debemos primero entender cómo funciona la flecha al ser disparada por el arco.

Paradoja.

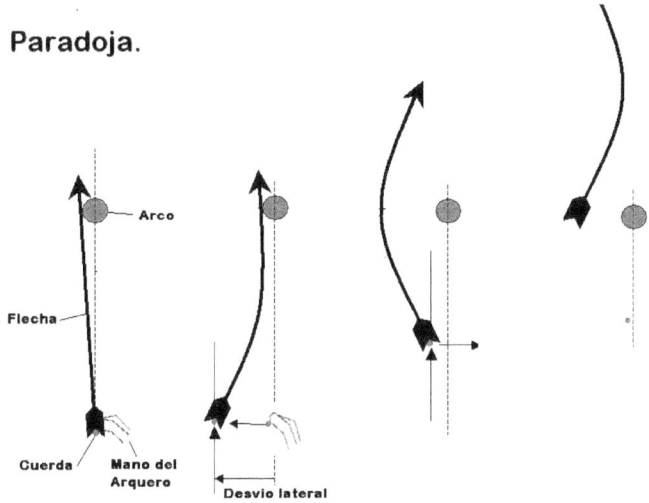

La flecha sale del arco en forma recta, pero no se mantiene derecha, sino que va doblándose en todos los sentidos. Esto se llama "paradoja del arquero". Lo "paradójico" de la paradoja es que, cuando el arco está en reposo, la punta de la flecha apunta hacia un costado del blanco, pero, al disparar la flecha, esta vuela directamente hacia el blanco. Durante la suelta, la cuerda no sigue una línea recta como vimos antes. Como la suelta ocurre al relajar los dedos, la cuerda se escapa antes de que los dedos lleguen a enderezarse. Por eso, la cuerda se ve obligada a "rodear" los dedos y esto mueve el nock hacia afuera, mientras la flecha gira hacia el arco. A continuación, la flecha vuelve a enderezarse y empieza a doblarse en sentido contrario. Así, continúa oscilando así hasta llegar al blanco. Si la flecha está bien ajustada al arco, pasa literalmente alrededor del arco.

Para que la flecha salga en dirección al blanco, no se desvíe ni golpee el arco en esta serie de movimientos, su dureza debe estar justada para que se doble de la manera justa para escurrirse esquivando el arco. Debido a la paradoja, la flecha debe ajustar su flexibilidad a la potencia y características de nuestro arco. Si, por ejemplo, la flecha es muy dura saldrá hacia la izquierda si el arquero es diestro (o la derecha si es zurdo). Esto ocurre porque la flecha, por ser demasiado dura, no se dobla las veces necesarias ni lo suficiente para salir derecho al blanco. Si, por otro lado, la flecha es muy blanda se doblará demasiado y demasiadas veces, por lo que volará hacia el lado contrario, la derecha para arqueros diestros. En cualquiera de los casos, si además golpea el riser, desviará su cola hacia un lado u otro, provocando un vuelo errático y un considerable deterioro de la precisión.

La dureza o rigidez del astil de una flecha se denomina "spine estático" y la dureza de una flecha, con respecto del arco se denomina "spine dinámico". Este último es el funcionamiento de la flecha durante el disparo. Ambos están relacionados. El primer factor que afecta el spine dinámico es el spine estático, es decir, el grado de rigidez que tiene el astil de la flecha. Para determinar el spine estático se coloca la flecha entre dos puntos de apoyo a una distancia determinada, se cuelga un peso en el punto medio y se mide cuanto se dobla, en milésimas de pulgadas.

El spine estático, como dijimos, es la dureza de la flecha "quieta", pero hay muchos factores que cambian esta dureza cuando la flecha es disparada por el arco. Así, por ejemplo, las flechas más largas son más "blandas" y cuanto más corta es una flecha, menor será su "spine dinámico", por lo que, una forma de ajustar la flecha al arco es cortarla. El largo de flecha depende en gran medida de nuestro largo de tensado y de nuestra forma de tirar. Así podremos usar flechas de un largo determinado o más largas, pero nunca más cortas, ya que sería peligroso si se cae del rest. En general y cuando es posible, recomiendo dejar las flechas un poco más largas, por lo menos al principio. Muchas veces al cambiar algún detalle del gesto de tiro, aumenta el largo de tensado y, si las cortamos muy justas, luego pueden resultar demasiado cortas. No olvidemos que, en StringWalking, el largo de flecha afecta el alcance, porque usamos la punta como mira.

Otros factores con el que podemos ajustar la puesta a punto es el peso y largo de la punta. Esto también afecta su spine dinámico, porque el peso en el extremo del astil actúa de dos maneras, debido a su inercia (resistencia a moverse) provoca la primera flexión de la flecha. Luego, su peso sigue afectando las siguientes flexiones de la flecha. Cuanto mayor sea el peso de la punta, más se flexionará la flecha y actuará como "blanda". Otro aspecto secundario del peso de la punta en la puesta a punto es la posición del centro de gravedad o F.O.C. (Front of Center) que vimos. El FOC afecta el vuelo de la flecha, si este es muy bajo puede ocasionar vuelos erráticos y problemas de precisión.

Un factor que suele pasarse por alto es que el tipo de punta utilizado en la flecha puede condicionar el spine adecuado para nuestro equipo. Las puntas para flechas se  ofrecen en dos configuraciones básicas, de pegar y a rosca. Estas últimas tiene un inserto de aluminio que se pega dentro del astil de la flecha y la punta se enrosca al inserto. Esto hace que, al cambiar las puntas por otras de distinto peso, el spine dinámico de la flecha vaya cambiando gradualmente.

En cambio, las flechas que utilizan puntas que se pegan dentro del astil, tienen una porción que introduce y pega dentro del astil. En muchos de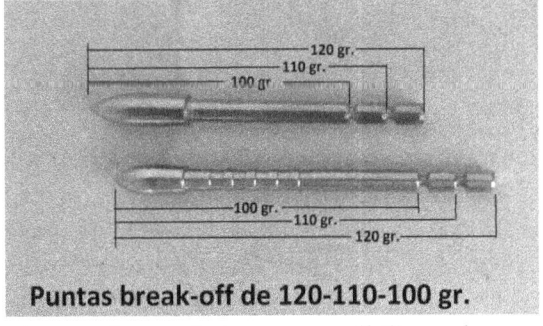

Puntas break-off de 120-110-100 gr.

estos modelos, el vástago tiene rebajes que posibilitan el corte para poder optar entre varios pesos, por ejemplo, 120-110-100, que, la punta entera pesa 120 grains, si le quitamos un trozo pesa

110 grains y si le quitamos los dos pesará 100 grains. Este vástago, dentro del astil, refuerza y endurece esa sección, acortando el largo de la flecha que se puede doblar. Podemos considerar que "acorta o alarga" la flecha, sin cortarla, por lo que, cuando se cambia el peso de la punta acortando el vástago, no se encuentran diferencias significativas en la puesta a punto. De aquí proviene la idea de que el cambio de peso de la punta no afecta el spine dinámico de las flechas de carbono. Esto último no es cierto y puede comprobarse fácilmente utilizando puntas a rosca, donde el largo del inserto se mantiene constante. Si utiliza puntas de pegar, debe tener en cuenta, junto con el peso de la punta, el largo del vástago de la misma. Así el cambio de peso, será muy poco efectivo si lo hacemos acortando la misma punta. Solo será efectivo si cambiamos la punta por otra de diferente peso.

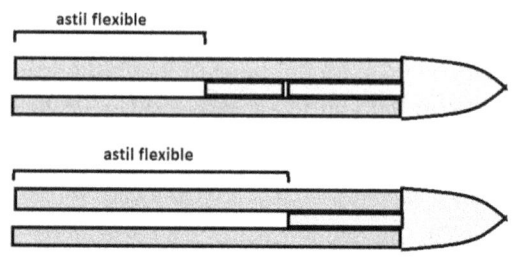
Tiene menos peso de punta pero la parte flexible del astil es más larga.

El peso de la parte trasera de la flecha, nock, timones y wraps, (si los hubiera) afecta el spine dinámico en sentido contrario al de la punta. Así como al aumentar el peso de la punta la flecha se ablanda, al aumentar el peso de la parte trasera la endurece. Esto es porque al estar en el otro extremo de la flecha, contrarresta los efectos del peso de la punta.

Por último, un punto sobre el cual poco se habla, es el efecto de la velocidad de la flecha en la puesta a punto. Cuando decimos que la flecha se debe flexionar varias veces mientras pasa por el costado del arco, para esquivarlo, tenemos que considerar dos aspectos, por un lado, cuánto se flexiona y por otro a qué velocidad está moviéndose o sea pasando por el lado del riser. Todo cambio de velocidad debe ir acompañado de una nueva puesta a punto, aunque los cambios sean mínimos.

Ajustes en la flecha.

DURAS
-Aumentar peso de la punta.
-Disminuir peso en la parte trasera.
-Usar puntas más largas.
-Cambiar por flechas más blandas.

BLANDAS
-Disminuir el peso de la punta.
-Aumentar el peso de la parte trasera.
-Usar puntas más cortas o glue-in.
-Cortar las flechas.
-Cambiar por flechas más duras.

El arco

La potencia de nuestro arco es un factor fundamental en el equilibrio dinámico de la flecha y el arco. La potencia del arco afecta la puesta a punto, si aumentamos la potencia, la flecha se "ablanda" o tiende a dirigirse más a la derecha. Si, por el contrario, disminuimos la potencia, la flecha se "endurece" y tiende a volar más a la izquierda. Debemos conocer la potencia de nuestro arco a nuestra apertura, para así elegir las flechas.

Otros ajustes que podemos hacer en el arco es la posición del nocking point y el centershot. El primero regula el vuelo de la flecha en el plano vertical, el "centershot" y la tensión del button lo hacen en el plano horizontal, como se vio en la sección anterior.

Sin embargo, vale aclarar que, dentro de límites razonables, el centershot y la presión del resorte interactúan para posicionar la flecha en un ángulo de lanzamiento determinado. Por lo que, si queremos realizar ajustes, se puede utilizar primero el ajuste de presión del resorte, sin tocar el centershot que habíamos determinado en el inicio de la puesta a punto. Si esto no alcanzara, se puede variar el centershot. La presión de resorte y el centershot son realmente dos aspectos de lo mismo, la mejor posición horizontal de la flecha al momento del disparo, esto es, el ángulo de partida. Es aconsejable seleccionar una configuración determinada para el centershot y luego experimentar con la presión del resorte y el centershot. No podemos saber la tensión del resorte del button con anticipación, solo puede conocerse por prueba y error, utilizando el método de la flecha desnuda que veremos en el capítulo siguiente.

Ajustes en el arco.

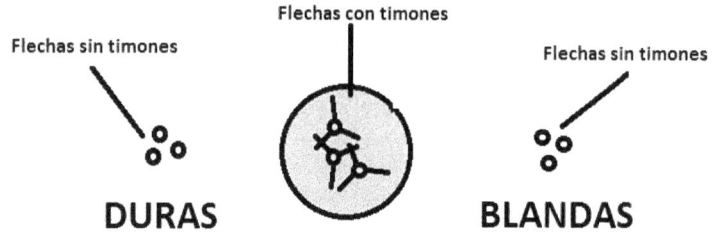

DURAS
-Mover centershot hacia "adentro".
-Aumentar potencia del arco.
-Bajar brace height.

BLANDAS
-Mover centershot hacia "afuera".
-Disminuir potencia del arco.
-Aumentar brace height.

3.2

Puesta a punto

Para la puesta a punto podemos realizar los ajustes sobre el arco o sobre las flechas, pero para StringWalking, esto resulta crítico. Como vimos, al caminar la cuerda, con cada agarre, va cambiando la configuración del arco. Podríamos decir que, al tirar con distintos agarres, estamos tirando desde un arco diferente cada vez. De esta manera, si ajustamos el arco y las flechas en una configuración intermedia, como vimos en la Puesta a Punto Inicial, es más probable que el equipo se comporte en forma adecuada con todos los agarres. Si, por otro lado, dejamos el arco con una configuración muy extrema, cuando cambiemos el agarre, cambiará la configuración y volveremos tener el arco desajustado.

Para poner a punto nuestro equipo vamos a necesitar nuestras flechas normales y un par de flechas desnudas. Estas últimas son idénticas a las que vamos a utilizar, pero sin timones. Esto significa que debe ser flechas de la misma marca, modelo y spine, del mismo largo, con el mismo nock y punta, etc. Llamaremos a estas flechas "desnudas" y, a las completas (normales), las llamaremos "emplumadas".

Pruebas iniciales

Hay algunas pruebas simples que podemos hacer al iniciar la puesta a punto para confirmar que las flechas son adecuadas. Estas pruebas nos darán una idea general de qué tan cerca estamos del ajuste óptimo del equipo y nos acercarán a una puesta a punto básica.

La primera prueba es el tiro a muy corta distancia, tirando flechas emplumadas sobre una contención a un par de metros. Es fundamental que la contención sea blanda y no tenga capas que desvíen la trayectoria de la flecha en su recorrido dentro de la misma (como ocurre con las contenciones de cartón apilado). Dispararemos las flechas mientras un amigo se asegura de que, cuando soltemos, la flecha esté perfectamente horizontal. A continuación, vemos de qué forma se clavó la flecha en la contención. Si la altura del nocking point está bien, la flecha se clavará en forma perfectamente horizontal. Si la flecha se clava con el nock más alto que la punta, el nocking point es demasiado alto y hay que bajarlo. Si el nock queda más bajo que la punta, debemos levantar el nocking point en la cuerda. Este es un ajuste muy burdo, pero sirve para el inicio. Esta es, también, una prueba muy práctica cuando tenemos duda de la posición del nocking point, pero no tenemos tiempo de hacer pruebas más detalladas, por ejemplo, minutos antes de un torneo.

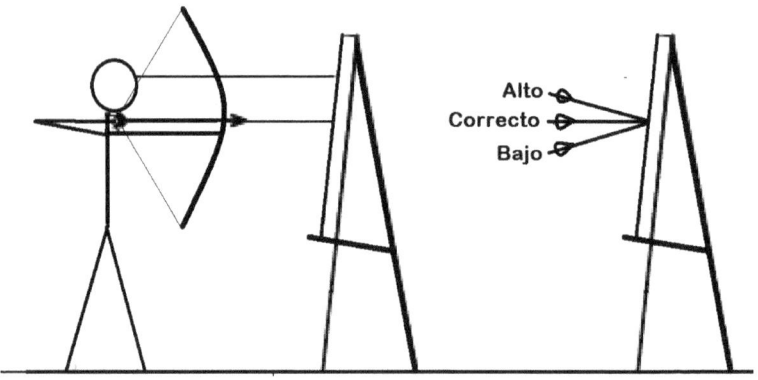

Rick Stonebraker, famoso entrenador norteamericano, recomienda otro tipo de pruebas. En su Tuning for Barebow (T.4.B.B.). Stonebraker utiliza esta prueba, tirando a través de un papel, para ver si la altura del nocking point es correcta y determinar inicialmente el spine (ver si la flecha es muy "dura" o muy "blanda"). Para, luego de esto, hacer pruebas más específicas. Es una prueba muy útil, pero está muy condicionada por la calidad

StringWalking

y consistencia de nuestra forma de tiro, más que nada, por la suelta que realicemos y por la distancia a la que tiremos. En lo personal, considero que es muy práctico, pero se deben tirar varias flechas para confirmar la necesidad de un cambio antes de hacerlo. En muchos casos, mi suelta no es tan buena como para estar seguro del resultado de una sola flecha.

La idea de esta prueba es que, si la flecha vuela recta, debería dejar un agujero redondo al atravesar el papel. Por el contrario, si vuela mal, provocará un desgarro de diferente magnitud dependiendo del grado de desvío con que atraviese el papel. El método es simple y se puede realizar en espacios reducidos. Necesitaremos una contención para recibir las flechas y un bastidor donde colocar el papel. Se puede usar cualquier papel que muestre el efecto de la flecha. Algunos realizan bastidores especiales, pero basta con un trozo de cartón duro, con un orificio rectangular a modo de ventana, sobre la que colocaremos el papel.

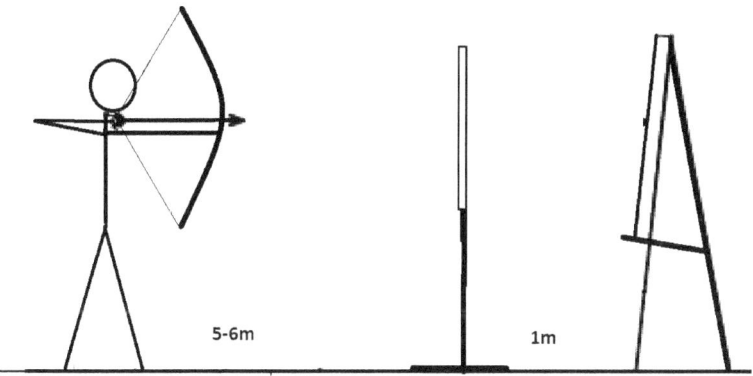

Colocamos el bastidor con el papel, un metro delante de la contención y dispararemos desde 5 o 6m del bastidor. No existe un acuerdo acerca de qué tipo de flechas hay que usar para la prueba. Stonebraker, en T4BB, utiliza flechas desnudas, mientras que Ferruccio, en sus videos, utiliza emplumadas. Si desea utilizar este método, debería probar con ambas opciones y ver cuál le funciona mejor.

Luego de tirar un par de flechas, analizamos las marcas que dejaron en el papel. En la figura siguiente puede verse, en forma esquemática, el significado de cada tipo de desgarro. Por lo general, se combinan, de manera que el desgarro es oblicuo o inclinado. Si no pudiéramos ver claramente de qué lado entró la punta, podemos pintarla con un marcador negro antes de tirarla, así dejará una marca en ese extremo. Primero haremos las correcciones verticales, ajustando la posición del nocking point hasta que el desgarro sea horizontal. Si se da el caso 1, el nocking point está alto, así que deberemos ir bajándolo hasta que el desgarro sea horizontal. Para el caso 2, deberemos subirlo hasta lograr un desgarro horizontal.

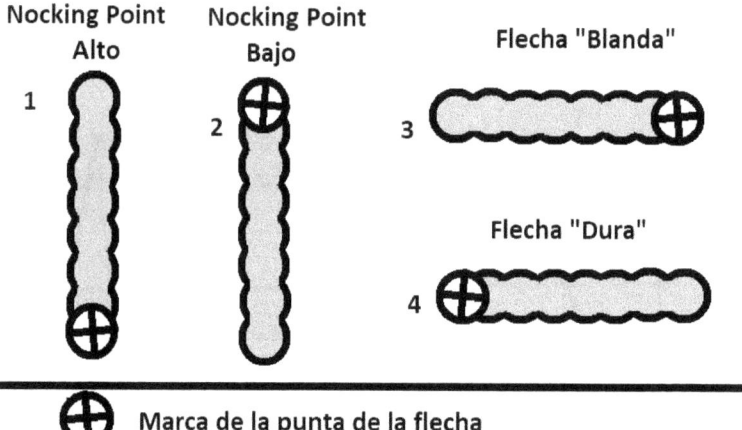

Una vez que el desgarro es horizontal, veremos si la flecha resulta "blanda", dibujo 3, o "dura", como el 4. Si el desgarro es menor a 8cm, podemos realizar algunos ajustes, aunque considero mejor dar por terminadas las pruebas de papel y pasar a las pruebas de flecha desnuda descriptas a continuación. Si el desgarro es mayor a 8cm, deberíamos probar con flechas de otro spine, mayor o menor según corresponda.

Prueba con flecha desnuda

Este sigue siendo el método más popular y efectivo para realizar la puesta a punto final del arco y sus flechas. El método se basa en el hecho de que las flechas desnudas (sin timones) vuelan hacia donde el arco las dirige, sin posibilidad de corrección durante el vuelo. En cambio, las flechas emplumadas (con timones) corrigen su vuelo, tratando de compensar cualquier desviación que le haya impuesto el arco. Con un arco mal regulado puede tirar flechas emplumadas con resultados aceptables. Pero, ante cualquier error de suelta, el arco lanzará la flecha lejos de la zona deseada. En cambio, cuando el arco está correctamente regulado, se compensan los errores y la flecha tratará de volar al lugar donde apuntamos.

La prueba con flecha desnuda consiste en tirar algunas flechas desnudas y otras tantas emplumadas, siempre apuntando al mismo lugar. Si el arco está bien ajustado, las flechas deberían impactar en un mismo grupo. Si forman dos grupos distintos, el arco no está bien ajustado y harán falta correcciones, según la relación entre los grupos. Todas las pruebas se realizan desde la toma promedio que establecimos en primer lugar.

La desnuda responde más a los cambios que la emplumada y, por eso podemos ir juntando los grupos. En algún punto, los dos grupos se juntarán y el equipo quedará ajustado, pero este ajuste es específico para esa configuración. Si cambiamos cualquier aspecto de la configuración se perderá el ajuste y deberemos comenzar de nuevo.

El spine dinámico de la flecha determina donde impactará lateralmente. En StringWalking, debido a que apuntamos con la punta de la flecha, tenemos dos prioridades, en primer lugar, lograr que las flechas emplumadas agrupen juntas en el centro a cualquier distancia/agarre. En segundo lugar, debemos lograr que las flechas emplumadas y las desnudas formen un solo grupo, para tener una buena puesta a punto. Pero lo primero es fundamental. Si la flecha da en el centro a todas las distancias/agarres, pero es un poco "blanda" o un poco "dura", tendremos que aceptarlo. De lo contrario no pegaremos donde apuntamos.

Las correcciones pueden hacerse tanto en el plano vertical como en el horizontal y es importante hacer estos cambios uno por vez. De esta manera, podremos seguir su evolución y entender qué estamos haciendo. Si no está seguro del ajuste preliminar, es mejor tirar sobre un paraflechas blando, ya que la flecha sin timones puede volar mal y, en un paraflechas duro, se pueden torcer o, romper.

Ajustes

Es aconsejable realizar los ajustes verticales y horizontales por separado, aunque, si los grupos están muy alejados, podemos hacerlos en forma combinada para ganar tiempo.

Se harán todas estas pruebas desde el agarre de 18m (u otra distancia si lo considera adecuado). Inicialmente probaremos cómo agrupan las flechas con timones y las desnudas a corta distancia, 5 a 7m. Si los grupos están separados, comenzaremos los ajustes hasta que los grupos de emplumadas y desnudas estén cerca. A continuación, iremos alejándonos gradualmente, a medida que todas las flechas vayan haciendo un solo grupo, hasta los 20 o 30m. Esta puesta a punto puede que no sea perfecta en todos los agarres, pero un arquero puede manejarse con este ajuste en un principio, luego veremos ajustes más finos.

Es fundamental apuntar a la marca, siempre con la punta de la flecha. Se puede usar un blanco, pintar una marca o pegar un trozo de cinta adhesiva en la parte inferior de la contención para apuntar, ya que a corta distancia las flechas pegarán más alto. Recuerde que debemos comparar la posición relativa de los grupos de flechas con y sin timones, y no importa si acertamos al lugar donde apuntamos. Se debe tener mucho cuidado de no tirar apuntando en forma inconsciente (tiro instintivo) porque al cabo de un tiempo, empezaremos a compensar la desviación de los distintos grupos de flechas y no podremos saber si los grupos se juntan porque estamos realizando los ajustes correctos o porque nuestro subconsciente corrige las diferencias.

Ajuste vertical

Vemos el comportamiento de los grupos. Si, por ejemplo, las flechas desnudas forman un grupo más alto que las emplumadas, nos indica que el nocking point está demasiado bajo y empuja la flecha hacia arriba. En este caso, debemos subirlo y volver a probar. Si por el contrario, el grupo de flechas desnudas está debajo, el nocking point estará demasiado alto y deberemos bajarlo. El proceso debe repetirse, viendo cómo se van acercando ambos grupos. Haremos los ajustes tantas veces como sea necesario hasta que ambos grupos estén a la misma altura. En lo personal, para StringWalking, prefiero que el grupo de flechas desnudas impacten sobre la parte inferior del grupo de emplumadas. Esto nos asegura que el nocking point no sea bajo en nin-

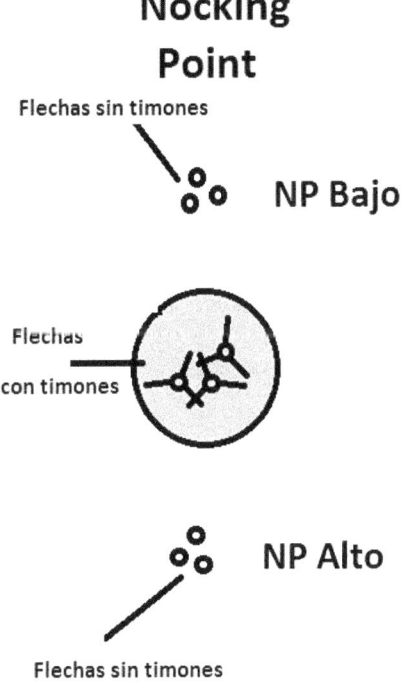

guno de los agarres.

Se debe tener mucho cuidado con las falsas lecturas. Con un nocking point muy bajo, la parte trasera de la flecha puede golpear el riser y, al rebotar, esta vuela hacia abajo dando la impresión de que el nocking point está muy alto. Con esto, corregiremos en sentido equivocado. Por esto es aconsejable comenzar las pruebas con un nocking point alto, dentro del rango recomendado (unos 9mm) e ir controlando. Por último, no se sorprenda si, al cambiar el nocking point, también hay variaciones laterales, en ocasiones ambos están interrelacionados.

Una vez ajustado el nocking point, podemos pasar a los ajustes en el plano horizontal.

Ajuste horizontal

Aclararemos que todos los ajustes horizontales van a explicarse para el caso de los arqueros derechos. Para los arqueros zurdos los ajustes se hacen en sentido contrario. Por eso se incluye una imagen a modo de resumen para diestros y zurdos.

Antes de empezar vamos a recordar dos conceptos muy útiles que ya fueron vistos, el de flecha "dura" y flecha "blanda". Van entre comillas porque son conceptos relativos al ajuste del arco. Llamaremos flecha "dura" a aquella que se flexiona menos veces que lo óptimo e impacta a la izquierda del centro del grupo de flechas con timones (arqueros derechos). Por otro lado, llamaremos flecha blanda a la que se flexiona demasiadas veces e impacta a la derecha.

Si hicimos las pruebas de papel, ya tendremos una idea de si nuestras flechas son "duras" o "blandas". Si elegimos el spine estático adecuado, hay tres factores sobre las que podemos trabajar sin alterar la configuración normal del arco: el largo de la flecha, el peso de sus extremos y la potencia del arco.

Si al realizar las primeras pruebas, los grupos de flechas desnudas impactan sobre la izquierda del grupo de emplumadas, las flechas son "duras" (siempre para arqueros diestros). En este caso tenemos dos recursos para "ablandarlas": aumentar el peso de la punta y/o aumentar la potencia del arco. Si esto no funciona, tendremos que cambiar las flechas por otras con spine estático menor (valor más grande). Si, por ejemplo, estuviéramos probando flechas de spine 500, deberíamos cambiarlas por otras de spine 550 o 600.

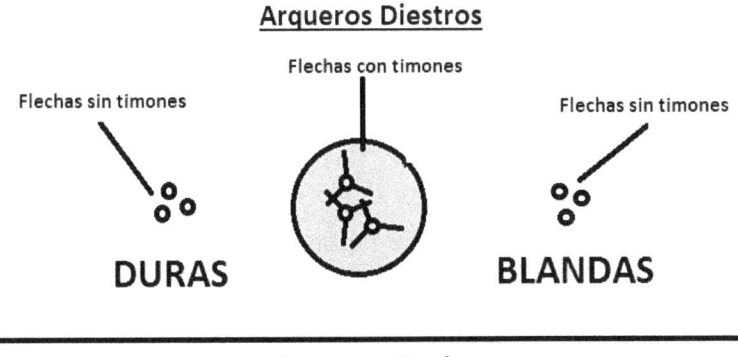

Si las flechas desnudas impactan a la derecha del grupo de emplumadas, las flechas serán "blandas". Entonces, podemos ir acortándolas gradualmente para "endurecerlas". Pero esto estará limitado por nuestro largo de tensado, más unos centímetros por seguridad. Otra opción es usar puntas más livianas, siempre y cuando esto no afecte el F.O.C. para que la flecha vuele bien, ni las haga tan livianas que comprometan la seguridad de las palas al dispararlas. Vale aclarar que muchos fabricantes de arcos establecen un peso mínimo de flecha para sus productos. Respecto del cambio del peso de la punta recuerde lo explicado en las páginas 102 y 103, respecto de su efecto en el spine. Otra opción es variar el peso de la parte trasera usando timones más pesados, wraps de vinilo o suplementos de peso en el interior del nock. El peso en la parte trasera de la flecha tiene efecto contrario al peso en la punta. Al aumentar el peso en la parte trasera, hacemos que la flecha sea más "dura". También podemos "endurecer" las flechas disminuyendo la potencia del arco.

Si necesitamos endurecerlas aún más y llegamos al largo mínimo, debemos cambiarlas por otras de spine más duro (menor valor). Por ejemplo, cambiar flechas de spine 500, por otras iguales, pero de spine 450 o 400.

Hay que tener cuidado al cambiar flechas por otros de distinta marca y/o modelo. No todos los fabricantes miden el spine estático de la misma manera. Dos flechas marcadas con el mismo spine, de distintos fabricantes, pueden funcionar de forma diferente. También el cambio entre flechas de distinto diámetro, va a afectar el centershot. Si por ejemplo, cambiando flechas Easton Carbon One por otras Gold Tip, el centro de la flecha quedará 1mm más afuera y cambiará el centershot, esto también afectará el funcionamiento del arco y su relación con la flecha.

Si todo esto no dejó el grupo de flechas desnudas dentro o muy cerca del grupo de las flechas emplumadas, deberemos trabajar sobre el arco, con cambios de potencia, centershot, tiller, etc. En mi experiencia, esto no es lo más aconsejable si queremos que las flechas den en el centro con todos los agarres/distancias, pero puede resultar necesario.

Aumentar la potencia del arco va "ablandando" la flecha, porque se produce un desplazamiento entre ambos. Si la flecha resulta muy dura, podemos aumentar la potencia del arco para compensarlo. Por otro lado, si la flecha resulta muy blanda podemos bajar la potencia del arco para equilibrar. Es mejor dejar este ajuste para el final de la puesta a punto, cuando se agotaron las opciones. Esto es porque se supone que debemos ajustar la potencia del arco a nuestras posibilidades y forma de tiro. Si aumentamos la potencia, aumentamos también el esfuerzo y se puede resentir nuestro desempeño como tiradores. Por otro lado, si bajamos la potencia para ajustarla a las flechas, perdemos performance del arco.

Si tuviéramos que trabajar sobre la configuración del arco, en primer lugar, podemos mover el centershot. Para corregir flechas "duras", lo moveremos hacia adentro de la ventana (para arqueros diestros). Si, por el contrario, agrupan a la derecha, "blandas" y deberemos cambiar el centershot hacia afuera. Este ajuste de centershot se puede hacer de dos maneras. Una de ellas es variando la posición del button, es decir, la posición de la flecha antes del disparo. Esto debe hacerse con cuidado de no exagerarla. Si, mirando desde atrás, vemos que la punta sale más allá de cualquiera de los lados de la cuerda, significa que la flecha está fuera de calibre. En estas condiciones, el ajuste será forzado, afectando el ajuste para StringWalking. En resumen, se debe mover el centershot hacia el lado del grupo de flechas emplumadas.

Cuando afinamos aún más el ajuste, podemos regular la tensión del resorte del button. Este es un ajuste dinámico del centershot, que lo define durante el disparo cuando la flecha se apoya en el button para comenzar el ciclo de flexiones. Recordemos que, el centershot estático (que vimos recién) es la posición de la flecha antes del disparo y el centershot dinámico es la posición del button durante el disparo.

Interferencias

Aun cuando hayamos logrado un buen ajuste, en ocasiones encontramos un vuelo errático de las flechas. Esto puede deberse a interferencias, por ejemplo, cuando alguna parte de la flecha toca o golpea contra el arco durante el disparo. Cuando esta interferencia es muy grande, se puede escuchar el golpe y podemos pensar que el arco es ruidoso. Otras veces, puede verse una línea que va dejando uno de los timones dentro de la ventana de tiro. Sin embargo, en ocasiones solo notamos que por más que realicemos ajustes, la flecha tiene un vuelo errático o hace una curva extraña.

Para comprobar posibles interferencias, podemos realizar algunas pruebas. Si aplicamos un poco de lápiz labial en el borde de los timones internos, si hay interferencia, veremos una línea de lápiz labial en el riser, el button o el rest, al cabo de unas flechas. Otra opción es colocar talco sobre el riser, dentro de la ventana, si los timones o la flecha rozan, dejarán una línea en el talco.

Cuando alguno de los timones toca el riser, podemos corregirlo girando el nock, para cambiar la posición de los timones, y probaremos si con esto mejora. Volveremos a girar y probar hasta que deje de tocar. Si persiste la interferencia, podemos cambiar los timones por otros de perfil más bajo y probar nuevamente.

Si es el astil de la flecha el que está tocando, el problema es de ajuste o de spine. Puede que la puesta a punto no sea tan buena como pensamos o que las flechas no sean las adecuadas. En ese caso, debemos volver a controlar la puesta a punto o, en caso extremo, cambiar las flechas por otras de distinto spine.

Ojímetro

Es un método usado por arqueros tradicionales y consiste en ajustar el arco de acuerdo a cómo vuelan las flechas. Para esto, se procede a tirar sobre un blanco a 40 o 50m, mientras un amigo observa desde atrás, prestando atención a la forma en que vuelan las flechas. Esto nos dará una idea general de la puesta a punto. Si la flecha no vuela derecha y/o hace movimientos raros, eso nos indica que hay algún problema en la puesta a punto o que algo se desajustó. El ojímetro es de gran ayuda para detectar problemas de ajuste en cualquier momento.

Sin embargo, tiene un problema: es muy sensible a la suelta. Si soltamos mal, la flecha volará mal sin importar lo bien ajustada que esté. Por este motivo, sigue siendo más aconsejable hacer la puesta a punto siguiendo los pasos que vimos. El ojímetro no siempre muestra problemas de ajuste ya que, una flecha con timones grandes, compensa gran parte los errores de puesta a punto, porque se enderezarán rápidamente con independencia de lo mal ajustado que esté el equipo.

Controles

Con esta información podemos trabajar ajustando el arco y sus flechas, desde el agarre promedio. Puede ocurrir que desde otros agarres también funcione bien, pero esto no siempre ocurre.

Si queremos un mejor ajuste deberemos trabajar más, como veremos en los siguientes capítulos. Este es un proceso largo, que lleva mucho tiempo y que nunca termina completamente. Empezaremos a ajustar el arco con sus flechas y, a lo largo de varias sesiones, iremos poniendo a punto cada uno de los factores. Hay que ir despacio y probar varios días luego de cada cambio. En muchos casos, lo que parece funcionar perfectamente un día, deja de hacerlo al día siguiente.

Hay que tener mucha paciencia y tomarlo con calma. No hay que desanimarse, es verdad que lleva tiempo ajustar el arco, pero este proceso nos ayudará a conocer nuestro arco y flechas, lo que a su vez nos hará ganar confianza y mejorar nuestro desempeño en el deporte. Es un trabajo que dará grandes satisfacciones, no hay nada como el vuelo equilibrado de las flechas hacia el blanco. Un arco bien ajustado puede, incluso, tirar flechas sin timones con gran precisión, aún a largas distancias.

3.3

Corrida o agarres

Se llaman corridas, a la sucesión de agarres en la cuerda para las diferentes distancias. Es un dato fundamental para poder tirar con precisión y confirmar que la puesta a punto sea adecuada.

Las corridas para cada distancia deben ser proporcionales y tan parejas como sea posible. Es decir que deberíamos mover el agarre una distancia determinada y siempre iguales para las diferentes distancias. Esto depende de un sinnúmero de factores, la velocidad y el largo de la flecha, el tipo de rest, la fisonomía del arquero, la altura de su anclaje, la suelta, etc. Cada arquero tiene características propias de tiro y fisonomía. Así que, en cada caso, los parámetros varían. La posición de la cabeza del arquero durante el tiro, es uno de los factores más importantes ya que determina la relación entre el ojo que apunta y la parte trasera de la flecha. Por esto, no existen recetas para las corridas, ni para la distancia máxima que podemos tirar apuntando al centro. En ocasiones la corrida se alarga en las distancias más cortas, generalmente debido al tipo de rest que estamos utilizando. Recordemos que, en StringWalking, el rest funciona como un button vertical.

Para conocer nuestras corridas realizaremos las pruebas correspondientes, que serán tediosas, pero fundamentales. Debemos tomarnos el tiempo para probar y anotar las distintas posiciones de agarre para cada distancia y ver cuantas costuras (o centímetros) debemos bajar en la cuerda para cada una de ellas. Hay muchos factores que afectarán nuestras corridas y el alcance. Nuestra forma de tiro y la altura del anclaje afectarán nuestro alcance máximo o point-on. Si mantengo la cabeza quieta durante el tiro, mis corridas se alargan 5m, es decir que el agarre de 20m pasa a ser el de 25m.

Una vez que encontramos la corrida de los 27m, podemos usarla como referencia para encontrar las otras, utilizando el tab a modo de regla. Podemos usar las marcas de fábrica o podemos agregar algunas a condición de que "sean iguales en tamaño, forma y color". Empezaremos buscando qué marca o costura coincide con la distancia 27m. Desde allí, comenzaremos a realizar pruebas cada 5m. Podemos anotar en nuestra libreta la cantidad de costuras o la distancia en milímetros desde el borde superior del tab. Nos colocamos a 30 metros del blanco y probamos un agarre un poco más arriba, moviendo el agarre hasta que demos en el centro. Nos alejamos otros 5m y volvemos a buscar el agarre que nos permita dar en el centro. Repetimos el proceso cada 5m

StringWalking

hasta llegar a los 50m, que será nuestra distancia máxima de tiro. Puede ocurrir dos cosas, que ese agarre esté por debajo del nock o que, con los dedos debajo del nock, no lleguemos a los 50m. En ese último caso, no podremos apuntar con la flecha en el centro y deberemos utilizar alguna parte del arco para esa distancia. Eso suele ocurrir cuando utilizamos flechas de aluminio que son más pesadas.

Con todas esas marcas debemos ver si hay coincidencia entre estas y las marcas en el tab. Por ejemplo, una costura o una costura y media cada 5m. Puede ocurrir que cada cinco metros la corrida no coincida con las costuras. Entonces tendremos dos opciones, por un lado, mantener las distancias como fijas y considerar las costuras como fracción. Por ejemplo, 3 costuras para 35m. La otra opción es considerar cuantos metros por cada costura, por ejemplo, 4m por costura. Anotaremos todo en nuestra libreta para futuras revisiones, como ya dijimos en otras partes del libro, estas corridas deben ser controladas en varias tiradas, siempre esperando confirmarlas y haciendo las correcciones necesarias con paciencia.

Cabe aclarar que al referirnos a "apuntar al centro" hablamos de utilizar el centro como referencia. Algunos arqueros apuntan al centro exacto del blanco y otros apuntan al borde inferior del amarillo, para que la flecha no tape el centro del blanco, al apuntar.

Haciendo un relevamiento de los tabs de algunos amigos, se puede ver cómo cada uno tiene su propia forma de encontrar la corrida para cada distancia. El tab Black

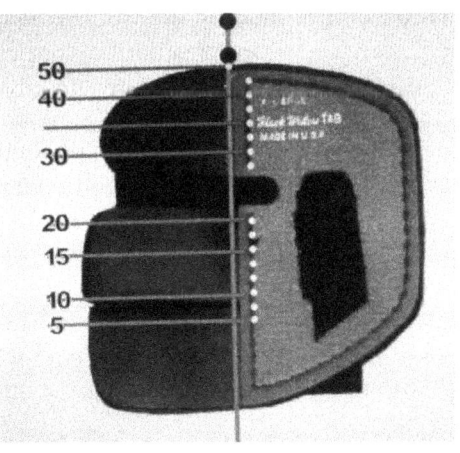

Widow es muy popular y, para muchos arqueros cada costura se ajusta a una corrida de 2,5m, es decir que dos costuras equivalen a una diferencia de 5m de distancia al blanco y este espaciamiento suele ser más o menos constante.

Otros arqueros utilizan tabs fabricados especialmente, pero se debe tener cuidado de que las marcas o indicaciones sean de igual forma color y tamaño. El arquero que utiliza el tab de la figura de esta página, usa dos anclajes. Con el anclaje 1, las distancias son las de la foto, con el anclaje 2, estas distancias se co-

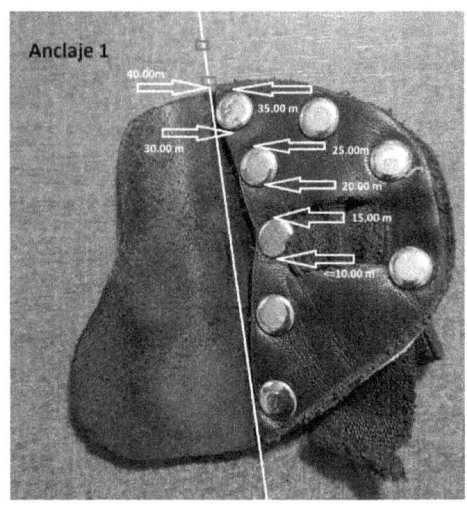

rren 20m (las distancias indicadas más 20m). De esta manera, combinando anclajes, se logra cubrir casi todas las distancias de tiro. El problema con el cambio de anclaje es la posibilidad de que, bajo la presión de la competencia, confundamos el anclaje y erremos el blanco. Otra opción es mantener el anclaje, pero apuntar con el alambre del rest o con la base de la ventana del arco, siempre sobre el amarillo o apuntar en forma indirecta encima del blanco, pero es poco aconsejable.

Cuando el tab no tiene costuras, pueden utilizarse otras referencias como tornillo o marcas que tuviera. En la nueva reglamentación el arquero puede agregar marcas al tab a condición que sean parejas en forma, color y tamaño y estén fijas.

En el caso de que con los dedos debajo del nock no lleguemos a los 50m, podemos modificar el equipo para aumentar su alcance. Si utilizamos flechas más livianas, lograremos más velocidad y, por lo general, mayor alcance. Por ejemplo, podemos cambiar flechas de aluminio por otras de carbono. Hay flechas de carbono de distintos pesos. Podemos aumentar el alcance también con el largo de la flecha. Al utilizar la punta de la flecha como mira, una flecha más corta hará que elevemos el arco para colocarla en la línea de miras y lograremos más alcance. Por supuesto, la flecha deberá tener un spine estático más blando, y deberemos realizar la puesta a punto nuevamente.

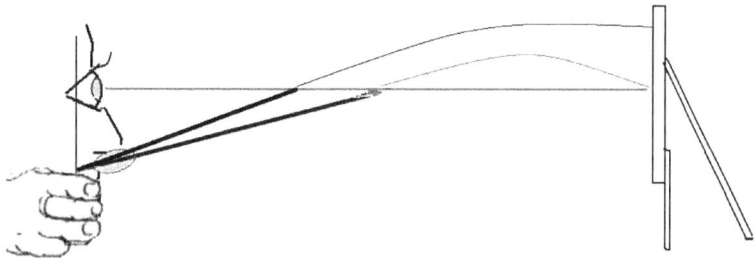

Distribución de las corridas

Si la forma de tiro es repetitiva y la puesta a punto es correcta, los agarres deberían ser equidistantes entre sí. Una vez establecidas las corridas, debemos considerar su relación con las distancias. Esto es, la distancia, entre las corridas de 40 y 45m, debe ser igual a la distancia entre las corridas de 10 y 15 metros. Como puede verse algunas fotos de tabs, la distancia entre las corridas no siempre es proporcional.

Como hemos dicho en otros capítulos, el rest tiene gran influencia en el equilibrio entre las corridas debido al "efecto rebote" del rest, ya que este, funciona como un button vertical. Esta es una de las causas más comunes de inconsistencias en las corridas, sobre todo en las distancias más cortas. A mayor distancia entre el agarre y el nock, mayor será la presión sobre el rest y el rebote. Esto se puede solucionar de tres maneras, podemos utilizar un rest de alambre suficientemente blando como para que, al rebotar, el empuje hacia arriba sea menor, podemos usar un rest de plástico que no tiene rebote o podemos utilizar los últimos rest BiDrop y Zniper que casi no tienen rebote. Muchas veces, los problemas de inconsistencia de las corridas se solucionan cambiando el rest o reformándolo para reducir el rebote. Otra razón que puede hacer que las corridas no sean parejas, es el tiller dinámico, tema que veremos en el próximo capítulo.

Si con todo esto no se estabilizan las corridas, podemos probar invertir las palas. Aunque suene raro, algunos arqueros prefieren colocar la pala superior en el acople inferior del riser y viceversa. Al intercambiar las palas, cambia el funcionamiento del tiller dinámico, compensando en algunos casos el desequilibrio. Por lo general, la pala inferior es más fuerte que la superior, de manera que cuando intercambiamos las palas, ponemos la más fuerte arriba. Esto dependerá del tiller que las palas traen de fábrica. Si el tiller es cero, es decir que ambas palas eran iguales, quedará con el mismo tiller, porque la diferencia estaba en la regulación del riser. Si las palas vienen con tiller de fábrica, al invertirlas, el tiller también se invierte. Es decir que, si teníamos un tiller de 6mm positivo, al intercambiar las palas tendremos un tiller negativo cercanos a los 6mm. Lo aconsejable es volver a corregir el tiller para que vuelva a ser 6mm positivo. Esto no siempre funciona con todas las palas, pero cuando ninguna otra solución da resultado, vale la pena probarlo. Lo he probado algunas veces con cierto éxito utilizando palas convencionales, pero no se adapta a las palas que estoy usando en la actualidad (Border Hex6).

Una vez que tenemos las corridas parejas, podemos seguir adelante con la puesta a punto de nuestro equipo para String-Walking. Esto no significa que no haremos correcciones posteriores a estas corridas. La puesta a punto es un proceso constante que debemos controlar a cabo, cada cierto tiempo.

3.4

Tiller Dinámico

Realizada la puesta a punto básica del equipo y encontradas las corridas para cada distancia, debemos controlar el tiller dinámico del arco. Hasta ahora controlamos el tiller estático, es decir la diferencia de potencia de las palas con el arco en reposo, ahora llegó el momento de hacerlo con el arco tensado.

En ocasiones, ocurren situaciones anómalas que nos hacen pensar que algo no está del todo bien. Como vimos, cuando se presenta una anomalía en las distancias más cortas suelen deberse al rest. Sin embargo, a veces, ocurre en distancias intermedias a largas. En estos casos, el problema suele provenir de un desbalance entre la fuerza de las palas. Lo ideal es que ambas palas se muevan juntas, pero, considerando la utilización de la técnica de StringWalking, se debe buscar un tiller de compromiso que permita cierto equilibrio en todas las tomas y que nos de corridas que sean parejas.

No hay un tiller que sirva para todos los arcos y todos los arqueros, ya que depende de muchos factores, de los cuales el tiller estático es el más importante. El tiller dinámico adecuado debe definirlo el mismo arquero de acuerdo a sus propios resultados y criterios. Esto es muy variable y puede ocurrir que el tiller que utilice hoy, sea diferente del que utilizaba el mes pasado. No dude en cambiarlo y probar, puede llevarse una sorpresa.

Ya medimos el tiller estático con la escuadra en la inserción de las palas con el cuerpo de arco y midiendo la distancia a la cuerda a 90°. Pero cuando tensamos el arco, las condiciones cambian. Para controlar el tiller dinámico debemos considerar la posición de los tips (extremos de las palas) con el arco tensado. De esta manera, buscaremos un equilibrio entre la posición inicial de ambos tips, respecto de la perpendicular a la flecha.

Un método

Esto suena complicado, pero es bastante simple. Para String Walking, el tiller dinámico debe medirse para los dos agarres extremos. Es decir, con el agarre de 50m y con el de 5m. De manera de conocer la relación entre la posición vertical de ambos tips en ambos extremos de las corridas. Si en ambos extremos es pareja lo será en los puntos intermedios.

Para controlar el tiller dinámico uso un método gráfico, utilizando una cámara fotográfica y una computadora. Para ello, tomo una foto del arco tensado con el agarre de 50m. Luego, paso esa foto a una computadora y, con algún programa gráfico, la enderezo hasta que la flecha quede horizontal. Luego, con ese u otro programa, trazo una línea perpendicular a la flecha que pase por el tip inferior y llegue hasta la altura del tip superior. A continuación, trazo otra línea perpendicular a la flecha que pase por el tip superior. Esto me permite comparar la posición horizontal de cada tip y ver el desplazamiento respectivo. Esta diferencia debe ser la menor posible y nunca debe ser mayor a 5cm. Repetiremos el procedi-

miento, pero con una foto tomada tensando con el agarre de 5m. Lo ideal sería que en ambos casos la distancia entre tips sea menos a 2cm. Esta distancia se estima mediante la regla de tres simple, utilizando el largo de la flecha como referencia. Si la diferencia entre los tips es mayor a 2cm, deberemos alterar el tiller estático y volver a probar.

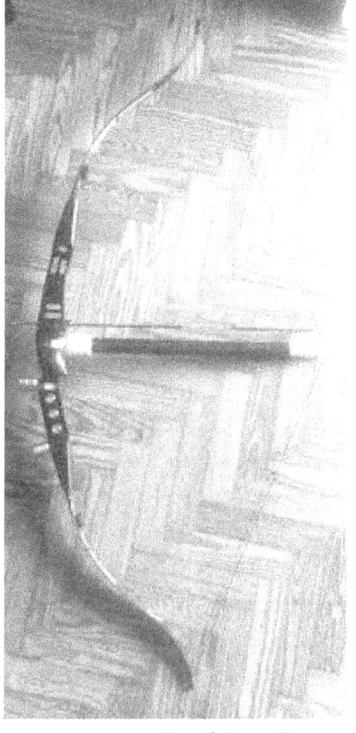

Otro dato que podemos sacar de este gráfico es la verticalidad del riser. En ocasiones el tiller parece bueno, los tips están parejos pero el riser queda inclinado respecto de la vertical. Si estuviera muy "echado para atrás" deberíamos variar el tiller estático, en este caso pasar de 4mm a 6mm. Si fuera al revés, deberíamos disminuir el tiller o tal vez dejarlo en valores negativos. Esta verticalidad del riser en mucho más que estética, es clave para el correcto apoyo de la mano en el grip. Si el riser está muy echado para atrás perderémos agarre en el grip, sobre todo en la parte baja del mismo.

Este análisis puede hacerse también en forma estática con ayuda de una máquina o un Beiter Stick, que nos permite dejar el arco tensado y nos ahorra el trabajo de edición en la computadora. Para utilizarlos, primero debemos conocer nuestro largo de tensado para ese agarre y seguir las instrucciones del fabricante. Este método es bastante práctico, pero no considera la posición de la mano en el grip.

Cabe aclarar que, como vimos, ante cada cambio de tiller, debemos volver a controlar el brace height y el nocking point, y ajustarlos, si fuese necesario.

Como criterio guía diremos que, en general se considera que, sin importar los ajustes que hagamos, no sería aconsejable superar los 9,5mm de tiller estático. Si cuando realizamos los ajustes en una pala, notamos que el nocking point tiene tendencia a bajar respecto al valor anterior, significa que estamos yendo en el sentido correcto. Si, por el contrario, comenzara a subir, debemos trabajar sobre la otra pala.

Otro método

Hay otra forma muy práctica, recomendado por V. Scaramuzza que consiste en medir la potencia del arco en ambos extremos de las corridas, es decir con la toma de 50m y la de 5m. Debemos, primero, marcar una flecha en línea con el borde delantero del arco, con los agarres de 50m y 5m. Tendremos así dos marcas en la flecha, una para cada agarre. Colocamos la balanza en el agarre de 50m y medimos la potencia tensando la flecha hasta la marca de los 50m (la más lejana). A continuación, repetimos el procedimiento con el agarre y la marca de los 5m. Ambos valores deberían ser similares. Si lo son, no hará falta cambiar nada. Caso contrario, tendremos que trabajar sobre los tornillos de potencia/tiller de cada pala hasta obtener la misma fuerza en ambas tomas de la cuerda. Según esta teoría, al emparejar la potencia del arco en ambos extremos de la corrida, se empareja la trayectoria de los tips de las palas y la reacción de la flecha ante el impulso del arco. En una prueba realizada con una de las configuraciones que utilizo, con un riser Spigarelli y palas Border TXG, la potencia con el agarre de 50m fue de 40,25 libras y 39,55 libras con el agarre de 10m, una diferencia mínima.

Cabe aclarar que muchos arqueros consideran adecuado regular sólo el tiller estático y lo regulan sólo considerando la forma en que el arco se mueve durante el proceso de tensado, como vimos en el capítulo dedicado al tiller estático.

3.5

Tirar con el ajuste básico

Con estos ajustes, el arquero debería poder tirar en forma aceptable con todos los agarres/distancias. Sin embargo, es poco probable que logre un buen puntaje en todas las distancias, debido a los desvíos laterales ya vistos. El arquero puede compensarlos, pero deberá conocer cómo se comporta el arco en cada una de las tomas/distancias. Así, podrá realizar las correcciones necesarias para dar en el centro la mayoría de las veces.

Para ello, deberá probar cómo tira su equipo a cada distancia, con el agarre correspondiente tirando flechas emplumadas. Si ha realizado un trabajo cuidadoso en la puesta a punto y elección del equipo, puede que no presente desviaciones o, por lo menos, estas sean reducidas y podamos comenzar a tirar.

Si encuentra desvíos laterales de las flechas a diferentes distancias, tiene dos opciones, continuar los ajustes como veremos en los capítulos siguientes o compensarlos de alguna manera para poder dar en el centro cada vez. Si decidimos no continuar con la puesta a punto, podemos corregir puntería para cada distancia. Esto es, si encontramos que a una determinada distancia el grupo de flechas impacta 8cm a la izquierda del centro, apuntaremos 8cm a la derecha, para compensar. También podemos corregir la lateralidad, cambiando la alineación o posición de la cuerda para cada distancia. Por ejemplo, si el tiro va a la izquierda, alinearemos la imagen de la cuerda más a la izquierda, incluso pasando al del otro lado de la flecha, si fuera necesario, y la flecha irá hacia la derecha. No es tan difícil recordar las alineaciones para distintas distancias, porque en realidad cada alineación de la cuerda sirve para varias distancias cercanas. Sin embargo, bajo la tensión de una competencia, podemos olvidar o confundir la corrección.

Otra opción para compensar, es cambiar la tensión del button para cada distancia. Pero, para hacerlo con precisión necesitamos tener un button que posea regulación fina y repetible, como el Beiter, el Spigarelli Click o Secur y el Cartel Midas, entre otros. Si el tiro va a la izquierda (arquero diestro) le quitaremos tensión al resorte desenroscando la cabeza de regulación del button. Si las flechas agrupan a la derecha deberemos aumentar la tensión del button, girando la cabeza de regulación en sentido horario (en sentido contrario para arqueros zurdos). Esto parece muy simple, pero se vuelve una pesadilla durante un torneo, ya que debemos memorizar las posiciones adecuadas del button para cada distancia y recordar cada cambio que hicimos.

Por último, y más aconsejable, podemos continuar con la puesta a punto del equipo, hasta lograr que estas desviaciones desaparezcan o se minimicen. El ajuste del arco para StringWalking es un proceso muy complejo y controvertido. Dadas las diferencias entre arqueros y equipos, el StringWalking es más un arte, que una ciencia.

3.6

Ajustes avanzados

Una vez logrado un buen ajuste con agarre promedio y probado el comportamiento a distintas distancias entre los 5 y los 50m, podemos iniciar un ajuste más fino del equipo. Podemos realizar pequeños ajustes en el arco y las flechas de manera que, a todas las distancias, tiremos sin desviaciones laterales y con corridas parejas.

Como hemos dicho antes, la puesta a punto para competencias de 3D y Juego de Campo debe ser muy cuidada porque el arco debe estar ajustado para todas las distancias intermedias. En estas competencias se tira a todas las distancias entre 5 y 50m. Esto significa que un blanco puede estar a 13,5m, 27m, 38m o 44m y, por ello, el ajuste debe ser el óptimo a todas las distancias.

Existen varios métodos para realizar un diagnóstico adecuado y poder hacer los ajustes finos, el que vamos a ver es el que encuentro más práctico, simple y efectivo. Este método se puede realizar de dos maneras, la básica y la compleja. En la primera, se tiran solo flechas emplumadas y en la compleja, emplumadas y desnudas.

Un método

Para el método básico necesitaremos una contención, sobre la que colocamos un papel blanco o un cartón grande (por lo menos 1m de alto y 60cm de ancho). Colocaremos una marca o referencia a unos 20cm del fondo del papel o cartón, para apuntar con la punta de la flecha para que, sin importar el agarre, todas las flechas den en la contención. Sobre este papel, iremos marcando los impactos de nuestras flechas.

Tiramos algunas flechas emplumadas desde unos 15m, con cada uno de los agarres desde los 5 a los 50 metros. Luego de cada tirada marcamos los impactos de las flechas con una "O". Debemos marcar sólo los tiros que consideremos buenos y se descartan los malos, cuando soltamos mal o no nos gustó la sensación.

Tiraremos con todos los agarres de 5m a 50m, cambiándolos cada cinco metros, hasta haber probado todos. Con los impactos marcados trazamos una línea vertical desde la marca donde apuntamos hasta arriba. Si el ajuste es bueno, todas las flechas habrán impactado a no más de 2cm de dicha línea. Si las flechas se desvían más, hay problemas en el ajuste y debemos "enderezar" las flechas. Para enderezar la línea de flechas debemos tener en cuenta que el efecto de mover la posición del button tiene mayor efecto a larga distancia y el ajuste de la tensión del button tiene mayor efecto a corta distancia. De esta manera, si, para un arquero diestro, las flechas van más a la izquierda al aumentar la distancia, deberemos mover el centershot (button) hacia adentro (derecha) y aumentar la tensión del resorte. Si las flechas van impactando más a la derecha al aumentar la distancia, debemos mover el centershot hacia afuera (izquierda). De esta manera, podremos ir "enderezando" las flechas en todas las corridas.

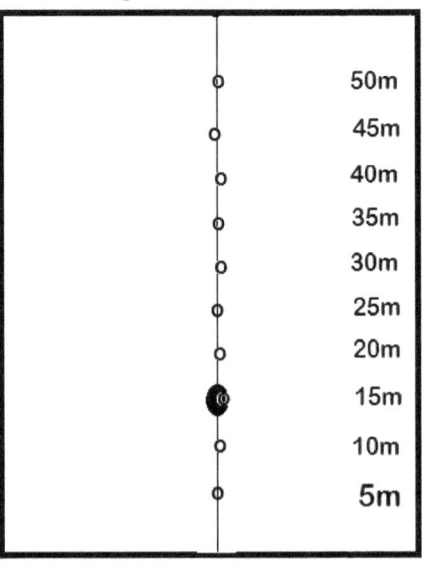

En el caso de que el arquero sea zurdo, las correcciones serán en sentido inverso. Es decir que, si las flechas van más a la izquierda al aumentar la distancia, deberemos mover el centershot (button) hacia afuera (derecha) y disminuir la tensión del resorte. Si las flechas van impactando más a la derecha al aumentar la distancia, deberemos mover el centershot hacia adentro (izquierda) y reducir la tensión de su resorte.

Otro método

Si queremos ajustar el equipo con mayor exactitud podemos usar el mismo método, pero usando juntas flechas emplumadas y desnudas. Queda claro que es esencial que las flechas emplumadas den en el centro a todas las distancias, es decir que coincidan todo lo posible con la línea central. Entonces, ¿para qué tiramos flechas desnudas? El comportamiento de las flechas desnudas muestra hacia donde quiere el arco lanzar las flechas y allí las enviará cuando tiremos mal. Los timones dirigen la flecha y disimulan muchos errores de ajuste, es por eso que en este método utilizaremos ambos tipos de flechas.

Volvemos a tirar desde 15m con los distintos agarres. Luego de cada tirada marcamos todos los impactos de las flechas emplumadas con una "O" y cada impacto de las desnudas con una "X". En este caso, también debemos marcar sólo aquellos que sentimos como buenos tiros. Se descartan los malos, cuando soltamos mal o no nos gustó. Iremos cambiando los agarres y tirando un par de series de flechas desnudas y emplumadas, hasta completar todos los agarres de 5m a 50m, cambiándolos de cinco en cinco metros. También, marcaremos una línea vertical desde la marca de apun-

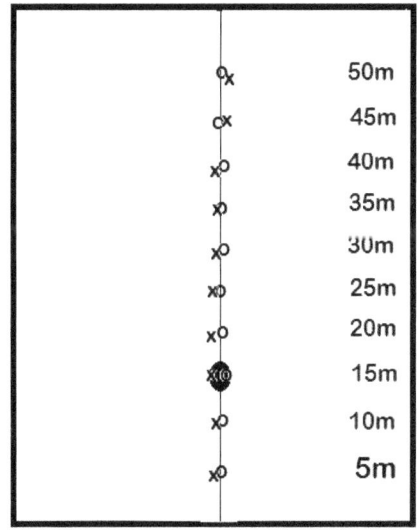

tado hasta el tope de la contención. Sobre esa línea marcaremos cada toma/ distancias a modo de escala.

Con esto podremos analizar los resultados sobre el blanco. Es muy probable que podamos ver dos líneas, una formada por las "O" y otra por las "X". Lo ideal sería que ambas líneas estén encima de la línea media que trazamos, o que ambas estén lo más cerca posible a esta.

Si ambas curvas no coinciden con la línea central, debemos considerar su posición y qué inclinación tiene. Si se inclinan hacia la izquierda, significa que las flechas se hacen cada vez más duras a medida que usamos tomas de mayor distancia (más cerca del nock), esto es lo que ocurre usualmente. Puede ocurrir, también, lo contrario y que la curva se incline hacia la derecha.

Cuando realizamos ajustes ablandando el button, moviendo el centershot hacia adentro, ablandando la flecha o aumentando la potencia del arco, la flecha desnuda (X) se moverá hacia la derecha. Si hacemos lo contrario, la flecha desnuda se moverá a la izquierda. Como vimos, mover el centershot o cambiar la tensión del resorte no tiene el mismo efecto a diferentes distancias. En general, al mover el centershot el efecto es mayor a distancias largas y variar la tensión del resorte del button tiene mayor efecto a cortas distancias. Podemos ir variando ambas para ir "enderezando" los impactos, buscando que las líneas de los impactos queden tan verticales como sea posible.

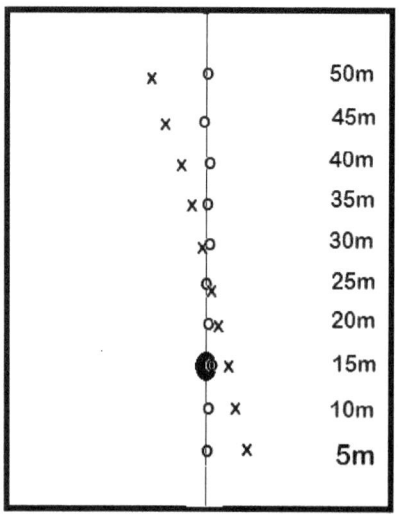

Si hicimos una puesta a punto inicial correcta, ambas líneas deberían estar junto a la línea vertical, de manera que todas las flechas den muy cerca de la zona apuntada. Es por esto que resulta fundamental mantener el arco dentro de los parámetros normales y realizar todos los ajustes posibles en las flechas. Esto es un centershot entre lineal y un poco para afuera, el resorte del button a una presión razonable y el nocking point a no más de 12mm, sobre la perpendicular.

Si no podemos hacer coincidir las líneas formadas por las X y las O, sería aconsejable que estas crucen la línea vertical en un punto cercano al agarre de los 18m. Si el ajuste es correcto, no hará falta hacer correcciones con las flechas en las distintas corridas. Si no fuera posible, sería aconsejable hacer pruebas hasta lograr mover esta intersección hacia arriba o hacia abajo.

Buttons

El comportamiento de las flechas con las diferentes tomas, depende en gran medida de las características del button que utilicemos y de su resorte. Un button lineal, como vimos antes, ofrece la misma fuerza en todo el trayecto. Por otro lado, un button progresivo se vuelve cada vez más duro a medida que avanza su recorrido. Si las flechas se van más a la izquierda a medida que la tomamos más cerca del nock, deberemos buscar un button más progresivo. Si ocurre lo contrario, más a la derecha con la distancia, necesitaremos uno más lineal.

Si la distancia entre los grupos de desnudas y emplumadas es grande, es probable que esa configuración nunca tire totalmente derecho, en todas las distancias y, como consecuencia debamos trabajar sobre el button para ajustar cada distancia. Como es explicó antes, diferentes buttons funcionan de distinta manera ante las variaciones que provoca el StringWalking. Hay buttons más lineales como el Spigarelli, otros más progresivos, como los Beiter, y otros buttons presentan características intermedias. Al cambiar las características del button, o el button mismo, podremos corregir estas desviaciones. Algunos fabricantes ofrecen varios resortes de diferente tensión para sus modelos, podemos cambiar el resorte de nuestro button entre los disponibles. Un resorte rígido sin comprimir resulta más progresivo que uno blando muy comprimido, generando ambos la misma fuerza inicial. Sin embargo, no todas son ventajas con un button demasiado progresivo, porque puede resultar excesivamente sensible a las imperfecciones de la suelta y a nuestras variaciones en el tiro, día a día.

Este proceso de ajuste del equipo es, en realidad, la búsqueda de un sutil equilibrio. En ocasiones el equipo funciona perfectamente bien a todas las distancias, en otras, se logra un buen ajuste con un poco de trabajo. Pero, a veces, no hay manera de ajustarlo y deberemos aceptarlo como está o cambiar la configuración e iniciar la puesta a punto nuevamente.

Otras pruebas

Con estas pruebas sólo sabremos lo que está pasando a 15m. Por eso, debemos realizar pruebas para ver cómo se comporta el equipo a todas las distancias. Una pequeña diferencia a 15m, puede convertirse en una pérdida de 3 puntos de 50m. Esta es la verdadera prueba del ajuste de nuestro equipo. Aquí las correcciones son más delicadas, podemos mejorar la puesta a punto a una distancia determinada y empeorarla en las demás. Luego de cada corrección, debemos ver su efecto en todas las distancias. Probando cada 5m, con el agarre correspondiente, podremos ver cómo y dónde agrupan las flechas.

Este es un buen momento para hablar del **"Efecto Placebo"**, muy conocido en medicina, que aplica también aquí. Este es el fenómeno por el cual los síntomas de un porcentaje de pacientes pueden mejorar mediante un tratamiento con una sustancia inocua, si los pacientes creen que la medicación curará su dolencia. El efecto placebo, como se aplica en este libro, hace referencia a una mejora en el funcionamiento del arco o en nuestra performance debida al efecto que produce un cambio. Desafortunadamente, esto se pierde al cabo de unos días, por el acostumbramiento. Por eso es importante continuar las pruebas de cualquier cambio por varios días, sin ilusionarse ni desilusionarse demasiado con los resultados.

Es aconsejable realizar pruebas de vez en cuando, para confirmar que el arco y sus flechas sigan ajustados a nuestra forma de tiro. La manera más simple es mantener un par de flechas desnudas a mano, para ir probando de vez en cuando. Agrupar las flechas desnudas aceptablemente hasta los 25 o 30m demanda bastante confianza en uno mismo y en el equipo. Sin embargo, al lograrlo, crece nuestra confianza y mejora nuestro desempeño en competencias. Debemos controlar la efectividad de nuestra puesta a punto. Cualquier cambio debe ser probado por lo menos tres o cuatro sesiones de tiro seguidas antes de descartarlo o darlo por efectivo.

Análisis de la corrida

Este es otro control que debemos hacer periódicamente y resulta fundamental para el óptimo ajuste de nuestro equipo, ya que nos alertará de cualquier problema. La clave es que, con todos los ajustes realizados, las corridas en el tab sean parejas y compactas. Una vez hechas las correcciones correspondientes, volvemos a probar todas las corridas y controlamos si se han emparejado.

Grupos

Una vez que hayamos controlado el comportamiento a cada distancia, con el agarre correspondiente, es deseable realizar pruebas específicas de precisión en cada caso. Esto es tirar series de flechas a una distancia determinada y con el agarre correspondiente para ver cómo agrupan las flechas.

Si los grupos son adecuados a nuestra habilidad, no habrá problema, pero si en alguna distancia los grupos "se abren", es decir resultan más grandes que lo esperado por proporcionalidad, deberemos encontrar la causa, controlando nuevamente el ajuste. A medida que entrenamos podemos ir controlando la forma en que agrupan las flechas en el blanco. Sería aconsejable llevar un registro gráfico de la forma en impactan las flechas en el blanco. Existen aplicaciones para teléfonos inteligentes que permiten llevar control de los grupos, pero podemos simplemente marcar los impactos sobre un dibujo del blanco en papel. Se deben hacer varias tiradas, para asegurarnos de ver si hay una tendencia. En base a ella, podemos hacer pequeños ajustes y ver si los resultados mejoran los grupos.

Cuando los grupos son mayores a los esperados, su forma nos dará indicios de cuál puede ser el problema. Este es un proceso muy delicado reservado para arqueros avanzados que tiene una forma de tiro bastante depurada. El arquero debe saber que los problemas de agrupación se deben al ajuste del equipo, no a defectos de tiro.

Cuando los grupos son más grandes de lo esperado y de forma redondeada, el problema suele ser el brace height. Moveremos un poco el brace height y volveremos a probar. Si mejora, seguiremos probando en ese mismo sentido viendo que el grupo se reduce. En algún punto, el grupo volverá a agrandarse y deberemos volver en sentido contrario hasta volver al grupo más pequeño en nuestro registro. Si el grupo es más grande, pero de forma alargada horizontalmente, el problema puede ser el centershot. Deberemos mover la posición del button hacia adentro o hacia afuera y ver qué pasa con los grupos. Si mejoran, seguiremos realizando cambios en ese sentido hasta que empeore y luego volver a la posición que nos dio el grupo más pequeño y redondo. Por último, si el grupo puede ser más grande de lo esperado será un pequeño problema de nocking point, es decir está un poco fuera de su posición óptima. Moveremos el nocking point hacia arriba o hacia abajo y volvemos a probar.

Todos estos ajustes deben ser muy pequeños para evitar desajustar el arco en las otras distancias.

Módulo 4

APÊNDICES

Martín Godio

A.0

Consideraciones

Llegado hasta acá ya conocemos cómo se comporta nuestro equipo al tirar con StringWalking. Pero no podemos dejar de considerar que el objetivo mismo del StringWalking es competir. Podremos competir en las cuatro modalidades, pero las dos tradicionales del ARCO RASO son, el Juego de Campo y 3D. Si bien, se tiran otras modalidades también, estas son las preferidas por los arqueros y aquellas en las que la categoría se luce. Por eso iniciaremos este módulo explicando las competencias y sus características principales.

También veremos algunos consejos para la elección del equipo adecuado y las consideraciones especiales que podemos encontrar en las condiciones de tiro presentes, tanto en las competencias de Juego de Campo, como en las 3D, que se desarrollan sobre terrenos desparejos que obligan a tirar hacia arriba o hacia abajo, complicando mucho el tiro.

Luego, veremos dos temas de gran importancia, por un lado, algunas formas de medir la distancia al blanco, tema fundamental para participar de estas competencias. También, veremos una técnica desarrollada por Tom Bill, entrenador del equipo austríaco de 2005, que permite minimizar los errores del primer tiro cuando no podemos definir la distancia con exactitud.

Por último, veremos una adaptación del StringWalking que tiene cierta popularidad entre los cazadores tradicionales en EE.UU., el llamado **"fixed crawl"**, o corrida fija. Esta técnica, junto con un gap limitado, permite tener una excelente precisión en un rango de distancias comunes para cazar.

A.1

Competencias

El ARCO RASO está habilitado para competir para competir en Juego de Campo y el 3D, pero también en Indoor y Aire Libre.

Juego de Campo

Las competencias de Juego de Campo se desarrollan en campos de tiro tan naturales como sea posible, con desniveles, árboles, cursos de agua y complicaciones de todo tipo. En esencia, se tira con incomodidad y, por ello, demanda mucho más esfuerzo del arquero que en otras competencias más estáticas como Indoor y Aire Libre. Dado que los blancos están distribuidos por el campo de tiro, se forman grupos de tiradores denominados patrullas que recorren un circuito yendo de blanco en blanco, en secuencia. Se tira sobre blancos de cuatro tamaños, con diámetros de 20, 40, 60 y 80 cm, distribuidos a lo largo de dicho circuito. Cada arquero dispara tres flechas sobre cada blanco de seis zonas concéntricas. Las dos zonas centrales son amarillas, con valores de 6 y 5 puntos, respectivamente. Siguen cuatro anillos de color negro (con puntaje de 4 a 1 de adentro hacia afuera). El mayor puntaje por

blanco es 18 puntos (3 flechas de 6 puntos).

Se tiran dos rondas de 12 o 24 blancos cada una, con una distribución equilibrada del tamaño de estos. La primera ronda se tira a distancias desconocidas y en la segunda, las distancias están indicadas con sus respectivos carteles. Compiten distintas categorías y cada una dispara desde una posición indicada por una estaca de color determinado y los RASOS tiran desde la estaca azul. Los blancos pueden encontrarse dentro del rango de cada blanco (ver cuadro), es decir que un blanco de 40cm puede estar a 12m, 14,5m, 19m, etc. Esta primera ronda presenta un reto técnico, ya que la estimación de la distancia al blanco es un factor determinante. La trayectoria de las flechas es muy curva, así, un error en la estimación de la distancia al blanco de apenas 3m puede significar que en vez de un 5 hagamos un 2 o incluso erremos completamente al blanco. A todo esto, se suman condiciones de tiro de lo más variadas, dentro del bosque, sobre el agua, hacia arriba, hacia abajo, en campo abierto, etc.

Blanco	DISTANCIAS DESCONOCIDAS			
	NARANJA	AMARILLA	AZUL	ROJA
20cm	05--07	05--10	05--10	10--15
40cm	08--10	10--15	10--20	15--25
60cm	10--12	15--25	15--30	20--35
80cm	12--18	20--35	30--45	35--55

La segunda ronda se hace a distancias conocidas, lo que elimina el problema de la estimación de las mismas. Sin embargo, por lo común se obtienen menores puntajes que en la ronda anterior, porque las distancias, en su gran mayoría, son más largas. Los blancos de esta ronda se tiran más lejos, sobre distancias determinadas, cada 5 metros. Por ejemplo, un arquero RASO tirará el blanco de 20cm a 5m, 10m y 15m, el de 40cm a 15, 20 y 25m, el de 60 cm a 30, 35 y 40m, etc., (ver cuadro correspondiente).

StringWalking

Blanco	DISTANCIAS CONOCIDAS			
	NARANJA	AMARILLA	AZUL	ROJA
20cm	05-06-07	05-10-15	05-10-15	10-15-20
40cm	08-09-10	10-15-20	15-20-25	20-25-30
60cm	12-13-15	20-25-30	30-35-40	35-40-45
80cm	15-17-20	30-35-40	40-45-50	50-55-60

Los arqueros se agrupan en patrullas de 3 o 4 miembros que están numeradas y, cada una, inicia la tirada en el blanco que tiene el mismo número que la patrulla. La Patrulla 4, comienza en el Blanco 4, la 11, lo hace en el Blanco 11 y así sucesivamente. Una vez que los arqueros de una patrulla terminaron de disparar sus flechas a su blanco (Blanco 09, por ejemplo), se dirigen a dicho blanco, realizan la puntuación (anotan el puntaje de cada flecha) y recogen las flechas. A continuación, la patrulla se dirige al blanco siguiente (Blanco 10, en este ejemplo). Esto se repite en los blancos siguientes (11, 01, etc.) hasta completar la ronda. En el ejemplo de la Patrulla 09, finalizará el recorrido en el Blanco 08.

Dentro de la patrulla, los arqueros se denominan, A, B, C y D y tiran por parejas (si el espacio en la estaca lo permite). Es decir que, A tira con B (A a la izquierda y B a la derecha) y C tira con D (C a la izquierda y D a la derecha). El orden de las parejas se va alternando en cada blanco, iniciando AB y luego CD. En el blanco siguiente tirará primero CD y luego AB y así sucesivamente. La alternancia del orden de tiro no tiene la misma importancia en todos los blancos, resulta fundamental a la hora de tirar sobre los blancos de 20 y 40 cm, donde cada arquero tira su propio blanco. Si un arquero se equivoca y tira una o más flechas en un blanco que no le corresponde, se considera la o las flechas como erradas y los puntos perdidos. Por eso, debemos considerar nuestra letra y nuestro orden de tiro en cada caso.

Como regla, podemos decir que, en los blancos de 20cm, los arqueros del primer turno, los que tiran primero, lo hacen sobre los blancos A y B (primero y tercero empezando desde la izquierda). Por su parte, los tiradores del segundo turno, los que tiran en segundo término, lo harán sobre los blancos C y D (segúndo y cuarto).

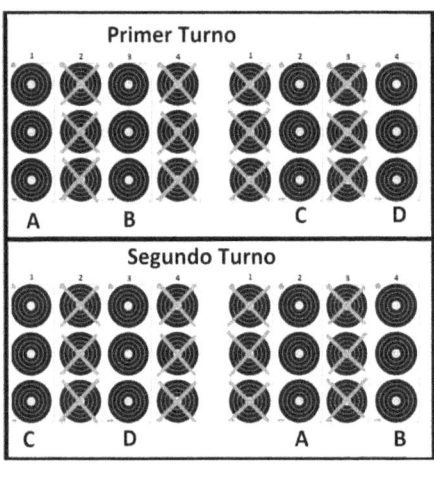

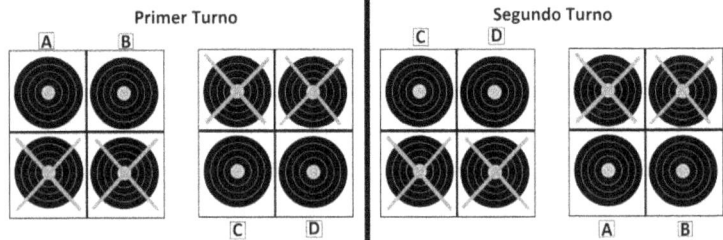

En los blancos de 40cm, los arqueros del primer turno tirarán sobre los blancos de arriba (A o C en el blanco A y B o D en el blanco B). Los del segundo tiraran en los blancos de abajo, A o B en el C y C o D en el D.

Al cabo de ambas rondas, se pasa a la etapa eliminatoria, que tiene diferente configuración de acuerdo al tipo de competencia de que se trate. En los torneos locales, cuando se hacen eliminatorias, suelen consistir en varias rondas de blancos a distancias conocidas. De estas saldrán los cuatro mejores tiradores que se enfrentarán, el primero con el cuarto y el segundo con el tercero a distancias medias y largas terminadas en cinco. Los ganadores irán a la final por el oro y la plata (campeón y subcampeón) y los perdedores competirán por el bronce (tercer puesto) tirando a las distancias medias y largas terminadas en cero. En las finales nacionales y mundiales, la configuración es mucho más compleja ya que responde a un fixture especial que vimos en la página 92.

En la competencia se debe seguir el recorrido determinado en forma estricta. Al diseñarlo, los organizadores consideran las líneas y ángulos de tiro para que ningún participante corra riesgos. Así, los arqueros y acompañantes, si los hubiera, deben seguir un sendero desde la estaca de espera hasta que llegue su turno. Entonces se dirigen a la estaca de tiro, realizan la estimación de la distancia y de las dificultades del tiro (desnivel, luz, etc.). Luego de tirar todas las flechas por turno, los integrantes de la patrulla, se dirigen al blanco, realizan la puntuación y retiran las flechas (luego de marcar todos los agujeros en el blanco). Finalmente, se dirigen por el sendero establecido hasta la estaca de espera del blanco siguiente. Si por alguna razón, un participante debe retirarse, existen líneas de salida que permiten circular sin riesgo.

La competencia de Juego de Campo puede tirarse en campos de tiro normales, en zonas naturales y hasta salvajes o incluso entre edificaciones como suele hacerse en Europa, aprovechando antiguas fortificaciones, eso dependerá del organizador y de las posibilidades geográficas del lugar. Un torneo se vuelve tan interesante como los organizadores logren hacerlo, pero siempre está el riesgo de que, en su entusiasmo, hagan que el circuito sea una pesadilla. Las normas de seguridad son siempre prioridad en cualquier actividad deportiva y en la arquería más aún.

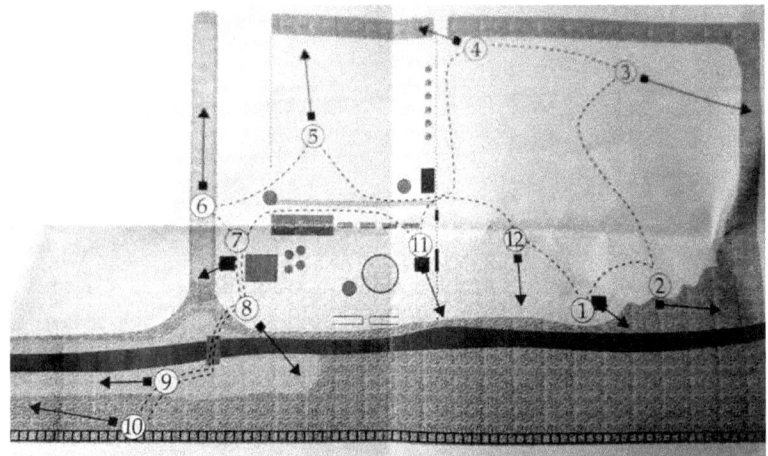

3D

Esta modalidad, como el Juego de Campo, se desarrolla en ambientes naturales, pero se tira sobre animales de material sintético, ubicados entre la vegetación a lo largo de un circuito, simulando una cacería.

A principios de los 80's se forma la IBO (International Bowhunting Association) en los EE.UU. y se comenzó a tirar sobre blancos que eran dibujos y fotos de animales. Estos blancos de dos dimensiones, fueron conocidos como 2D. Estas competencias fueron ganando popularidad y, al poco tiempo, se reemplazaron los blancos por figuras de tres dimensiones. El primer torneo

3D se realizó a fines de los 80 en el North American Bowhunters Jamboree en Harmony, NC, EE.UU. Eventualmente la modalidad fue ganando popularidad en todo el mundo y fue adoptado por World Archery.

Las figuras/blancos simulan animales fabricados con un material especial que detiene las flechas en forma segura. Hay gran variedad de figuras/blancos de diferentes especies y tamaños, que van desde las pequeñas aves como el faisán, mamíferos como el zorro, y carneros, hasta el enorme oso que, a pesar de su tamaño, suelen ser muy difíciles.

En los torneos 3D, se tiran sólo dos flechas por animal a distancias siempre desconocidas, entre los 5 y 30m, para arqueros rasos. En su origen, igual que en Juego de Campo, se tiraba cada grupo de blancos, en un rango definido de distancias. Desde 2015 todos los animales se tiran desde cualquier distancia, aunque se trata de mantener cierta lógica, evitando colocar los animales más pequeños a las mayores distancias.

Cada animal posee anillos de puntuación de forma irregular y más o menos concéntrica, cuyo valor es de 11 puntos para el anillo central, el siguiente 10 puntos y el anillo exterior vale 8 puntos. La flecha que impacte en el cuerpo del animal, por fuera de estos anillos, tendrá un valor de 5 puntos, salvo las pezuñas o cuernos, cuyo valor es cero.

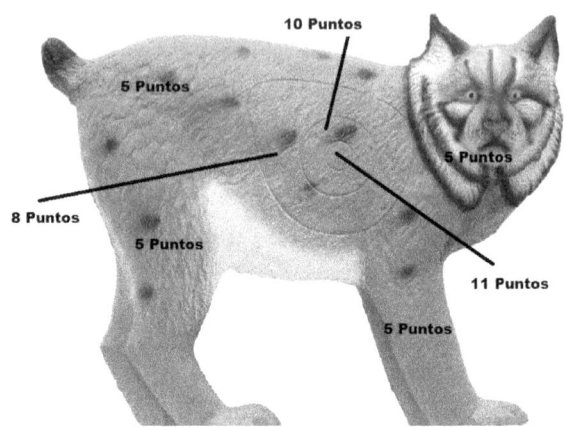

Al igual que en el caso de Juego de Campo se tira en un entorno natural manteniendo estricto control sobre la seguridad. Los arqueros también forman patrullas de hasta cuatro integrantes que recorren el campo de tiro disparando sobre cada animal/blanco desde las posiciones más complicadas, como pueden ser sobre una tarima, desde un pozo o desde pendientes empinadas, siempre buscando reproducir condiciones de caza.

La habilidad para estimar distancias se vuelve clave en el 3D. El hecho que los blancos posean volumen (3D) y estén solos, sin una contención detrás, cambia mucho la percepción del tiro y lo dificultan considerablemente desde el punto de vista psicológico. En ocasiones, la presión es grande porque detrás del blanco puede haber agua, el mar, o suelo rocoso, situaciones en la que cualquier flecha que erre el blanco, se pierde. En las últimas competencias europeas se han utilizado protecciones detrás de los blancos para proteger las flechas que erren. Es una modalidad muy dinámica y demanda un buen estado físico ya que se recorre una considerable distancia para completar todo el circuito.

Como en Juego de Campo, se tiran dos rondas clasificatorias de 12 blancos, pero siempre a distancias desconocidas. Luego, definidos los puestos, se pueden establecer los ganadores directamente o puede pasarse a un sistema de eliminatorias. Estas eliminatorias se hacen de forma similar a lo visto para Juego de Campo, por lo que no vamos a explicarlo nuevamente. La única diferencia, que resulta muy importante, es que en las eliminatorias se tira solo una flecha. Haciendo que no tengamos posibilidad de corregir un error de estimación de la distancia o un tiro malo.

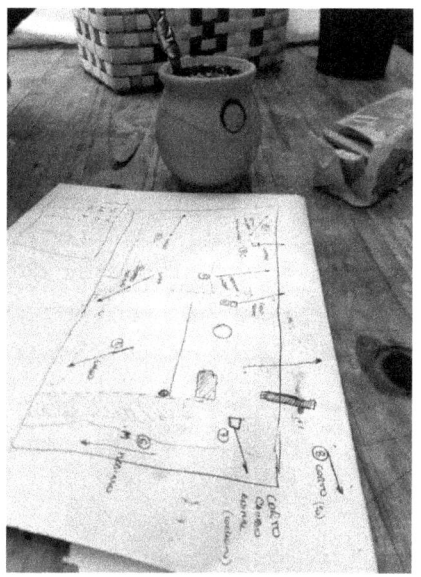

A modo de resumen, LarsGöran Swensson dice: **"Siempre he apreciado la atmósfera y el desafío del Juego de Campo: ¡tus competidores son tus compañeros y compites contra los organizadores!"**. (traducción del autor).

Torneos de Sala o Indoor

Los Torneos de Sala, también llamados Indoor, son los más simples en apariencia, pero los que más demandan un esfuerzo mental del arquero. Se realizan tirando a 18 metros y, como su nombre lo indica, en recintos cerrados, bajo techo. La categoría ARCO RASO tira sobre el clásico blanco FITA de 40cm, multicolor de 10 zonas, puntuadas de 1 a 10 desde afuera hacia adentro. El arquero raso tirará desde un solo agarre, el de los 18m y es aconsejable realizar la puesta a punto para esta distancia.

Esta modalidad es muy importante para aquellos lugares donde el invierno es muy crudo y las posibilidades de entrenar y competir al aire libre son muy limitadas debido el clima adverso. Las competencias Indoor tienen una duración relativamente corta, ya que se tiran solo dos series de 30 flechas cada una y por lo general duran medio día. Puede resultar un poco tediosa y repetitiva si la comparamos con otras, pero muy difícilmente se aburra debido al ritmo y la constante tensión de la competencia. Lo fundamental en estas competencias Indoor es la consistencia y constancia del tirador para lograr los mejores resultados.

Se tiran tres flechas por tirada en un tiempo de 2 minutos. Estas tres flechas se tiran en dos series de 10 tiradas cada una, para realizar la primera clasificación, un total de 60 flechas. De allí, los 16 mejores arqueros pasan a eliminatorias, de las que salen los cuatro arqueros que tirarán las semifinales y finales hasta las medallas de oro, plata y bronce.

El 15 de septiembre de 2018, ocurrió un hecho muy importante para los ARCOS RASOS. World Archery habilito a la categoría para participar de la Serie Mundial Indoor Archery 2018. Esta es una serie de seis torneos a celebrarse en diferentes lugares del mundo desde finales de 2018 y comienzo de 2019. World Archery, este año permite la entrada de cualquier arquero, y al menos una de estas competiciones (en Roma), contará con clases recurvo barebow (ARCO RASO). Ninguno de los eventos anteriores tenía estas divisiones.

Muchos arqueros utilizan, para competir en Indoor, el mismo

equipo con el que tiran las otras modalidades. De esta manera, usan el equipo que conocen y no se complican con una nueva puesta a punto. En caso de que estuviéramos decididos a revisar nuestra puesta a punto y armar un nuevo equipo, especial para Indoor, hay dos puntos a considerar: la reducción de potencia y el uso de flechas más gruesas. Dado que la competencia se tira a corta distancia (18m), bajo techo y sin viento, utilizar arcos muy potentes y veloces no tiene mayor ventaja, no necesitamos una buena trayectoria. En cambio, un arco liviano (en potencia) nos permite un mejor control del tiro y un menor esfuerzo durante el torneo. Sin embargo, debemos considerar que no todos los arqueros se adaptan a tirar con menor potencia sin perder performance, es decir, puntos. Un arco liviano hace que los problemas de suelta se vean más claramente. Cualquiera suelta suave y limpiamente con un arco de 40 libras, pero cuando hablamos de arcos con menos de 30 libras, la suelta tiene que ejecutarse correctamente para evitar "ganchos" que envíen a la flecha lejos del centro. Si el arquero tiene problemas técnicos en la mano del arco, la menor velocidad de la flecha también los exacerbará, haciéndolo perder puntos. Para el ARCO RASO, esta reducción de potencia redunda en un menor point-on. Es decir que se va a necesitar correr menos cuerda para llegar a los 18 metros, lo cual es una ventaja porque el arco se comporta en forma más equilibrada y suave.

Un tema discutido es el uso de flechas gruesas en Indoor, siempre dentro del reglamento de World Archery, que es 9,3mm, en aluminio, flechas "23", como las X7 2314, a lo sumo. Este mayor diámetro buscaría "robar" puntos. Si dos flechas impactan en el mismo lugar, la más gruesa tiene mayor probabilidad de cortar la línea del anillo siguiente, ganando un punto más. El uso de flechas de gran diámetro en la categoría Raso, presenta ciertas dudas, en mi opinión. Por un lado, debemos realizar la puesta a punto diferente de otras modalidades. Y, por el otro lado, porque al tirar las tres flechas sobre el mismo blanco, las primeras van "tapando" el blanco para las siguientes. Esto significa que las flechas que ya están clavadas en el blanco pueden desviar a las que vienen entrando luego. Este problema se agrava cuando tiramos mejor. Es decir que, si nuestra zona de impacto es del 7 "para adentro", las flechas gruesas son una buena opción, pero si siempre damos en el amarillo, un excelente ajuste es necesario para no perder puntos.

La competencia Indoor es una de las modalidades más simples y, a la vez, estresantes de la arquería. Aquí no hay excusas, no hay viento, sol, etc. Somos nosotros, nuestro equipo y el blanco.

Aire Libre

Esta es la competencia estrella de la arquería mundial y está centrada principalmente en las categorías Recurvado y Compuesto. Los rasos compiten principalmente en competencias locales y nacionales y no tiene mayor importancia a nivel mundial.

La modalidad ARCO RASO tira en dos configuraciones, 1440 y 70/70, siendo esta última la más popular hoy en día. Las competencias de 1440 se tiran dos series de 72 flechas cada una (12 series de 6 flechas) sobre un blanco de 80cm reducido a 30m y sobre un blanco de 80cm estándar a 50m. El nombre está dado por porque 1440 puntos es el máximo puntaje posible. El 70/70 se tiran dos series de 72 flechas, sobre blanco estándar de 80cm a 50m. El nombre está dado porque en la categoría Recurvado se tiran dos series a 70 metros.

Estas son competencias muy exigentes, dado que 50m es la distancia máxima de Juego de Campo, mucho más lejos que cualquier otra modalidad. También sería aconsejable tener el arco ajustado para los 50m. A diferencia de los torneos de sala, aquí los factores ambientales tienen gran incidencia. El viento, lluvia y los cambios de luz complican mucho obtener los mejores resultados. Esta es una excelente opción para entrenar las largas distancias que, como vimos, se volvieron fundamentales.

A.2

Equipo

Las condiciones de las competencias determinarán el equipo que vamos a necesitar. Las competencias de Indoor suelen ser las más simples por desarrollarse en lugares cerrados. En el caso de las competencias de Aire Libre, el clima tiene mayor incidencia, pero generalmente se desarrollan en lugares nivelados y acondicionados con todos los servicios. Por otro lado, las competencias de Juego de Campo y 3D, se desarrollan en ambientes más "salvajes" lo que implica que debamos tomar una serie de recaudos. El arquero realiza un recorrido que puede llegar a ser de varios kilómetros, alejándose de las instalaciones del club. Así que deberá llevar consigo todo lo necesario para pasar varias horas en el campo sin asistencia. Comida, agua, repuestos del arco y accesorios, flechas extra, abrigo, etc.

Calzado

Este es un elemento primordial para disfrutar de estas competencias y para que el recorrido no se convierta en una pesadilla. Debemos ser muy cuidadosos en la elección del calzado ya que caminaremos varios kilómetros en terreno disparejo y permaneceremos de pie durante horas.

Lo aconsejable es utilizar calzado fuerte, liviano, impermeable y con suela antideslizante. Debe ofrecernos una base sólida y estable, ya que los pies son la base del tiro con arco y, en estas competencias, pocas veces el suelo es firme y nivelado. Algunos prefieren un calzado que proteja y refuerce los tobillos. Sin embargo, esto no es excluyente, hay quien que prefieren utilizar calzado deportivo convencional.

Es fundamental que hayamos usado el calzado antes, en casa y en caminatas cortas por lo menos. De esta manera estará adaptado a nuestros pies, sin lastimarnos. Nunca debe tirar un torneo con calzado sin amoldar, es casi seguro que termine lastimado y con ampollas en los pies. De la misma manera, es aconsejable entrenar con ese mismo calzado para estar acostumbrado a tirar con él, incluso entrenar con el mismo equipo con el que vamos a competir.

Vestimenta

Debemos ajustar nuestra vestimenta a las condiciones ambientales que esperamos para los días de torneo. Para ello, contamos con los pronósticos del clima, esperando que acierten. Es aconsejable llevar ropa de repuesto al campo de tiro y podemos dejarla en nuestro vehículo o en las instalaciones del club.

En tiempo cálido debemos asegurarnos de utilizar ropa fresca y protección para los efectos nocivos de los rayos solares. Hay ropa especial con bloqueo de rayos ultra violetas (U.V.), pero en condiciones normales la ropa deportiva resulta adecuada. Por supuesto, en última instancia estaremos limitados por el uniforme de nuestro club. Es aconsejable utilizar pantalones resistentes, pero no está permitido el uso de jean, que serían excelentes. Los pantalones largos ofrecen mayor protección (ramas, espinas e insectos), pero pueden resultar un poco calurosos en ciertas épocas del año.

En condiciones frías debemos abrigarnos en forma adecuada,

pero el abrigo puede producir interferencias, debidas al aumento de volumen de esta ropa. La cuerda puede engancharse, interfiriendo con el vuelo de la flecha. Deberemos entrenar con abrigo para asegurarnos que este no interfiera. Si tenemos problemas de interferencia, podemos utilizar el abrigo durante los períodos entre tiradas, quitándolo al llegar a la estaca de tiro. También es aconsejable utilizar ropa que tenga un adecuado intercambio de humedad con el ambiente, para evitar que se nos moje la ropa interior con nuestra propia transpiración, esto terminará por provocarnos hipotermia. Se pueden utilizar guantes que no interfieran con el tiro, caso contrario es mejor un bolsillo.

Si llueve, necesitaremos ropa impermeable porque, en el campo, no contaremos con ningún tipo de reparo. Esta ropa de lluvia también puede complicar el tiro. Cuando el clima no es franco y llueve de a ratos, sería aconsejable tener algún tipo de impermeable liviano. Incluso, en caso de emergencia, nos servirá una bolsa de nylon grande con agujeros para la cabeza y los brazos (no es elegante, pero nos mantendrá secos). Si usa lentes, será fundamental contar con algún tipo de sombrero o gorra que evite que se mojen demasiado. Es imposible tener los cristales secos, pero una protección nos permitirá ver en forma adecuada.

Óptica

Es fundamental utilizar algún tipo de elemento óptico que nos permita ver el blanco en detalle. Existe gran variedad de prismáticos y monóculos que podemos utilizar. Lo esencial es que sean de buena calidad óptica. Esto es, ver el blanco con nitidez y buen contraste para identificar la ubicación de nuestras flechas con claridad. El elemento óptico nos permitirá identificar dónde debemos apuntar, antes de tirar y ver dónde impactan nuestras flechas. Sólo así podremos corregir la puntería.

Al elegir los binoculares debemos tener en cuenta que las reglas de World Archery prohíben el uso de cualquier elemento que permita estimar la distancia al blanco. La elección es muy personal, pero hay dos criterios fundamentales, el primero, que tenga por lo menos 8 aumentos (8X) para poder ver el blanco y las flechas en detalle hasta los 50m. La segunda condición es que sea luminoso ya que muchas veces los blancos están en zonas oscuras. La luminosidad depende de la calidad de la óptica (precio), del diámetro del objetivo (la lente más lejana al usuario), y los aumentos. La luminosidad, en realidad la pupila de salida, se calcula dividiendo el diámetro en milímetros del objetivo por los aumentos. Así, unos prismáticos de 8x50 tendrá una pupila de 6,25mm, mientras que otro de 8x25, tendrá solo 3,1mm. Es aconsejable que sea por lo menos 5mm o 2,5mm como mínimo.

Casi tan importante como el binocular o monóculo, es la forma en la que lo llevemos. Miramos un rato, pero los llevamos encima todo el día. El sistema de transporte debe ser cómodo. Existen varias opciones, algunos los cuelgan de la correa de fábrica, otros usan arneses especiales y otros lo cuelgan del cinturón.

La forma en que lo usemos es muy personal, pero debemos asesorarnos con los jueces porque en ocasiones, existen limitaciones para el uso de elementos ópticos. Por ejemplo, algunos jueces no aceptan que el arquero mire con prismáticos la última flecha que disparó, insistiendo en que debe retirarse de la línea de tiro al finalizar. Es aconsejable controlar las flechas a medida que las vamos tirando para asegurarnos de estar impactando donde creemos que lo estamos haciendo. Puede ocurrir que parezca que todas las flechas están en el amarillo, pero están en el "4".

Posa-arco

Es otro elemento importante, no todos los posa-arcos se adaptan a estas competencias. Los posa-arcos tradicionales son excelentes sobre superficies niveladas, pero, con un poco de pendiente el arco se caerá al suelo continuamente.

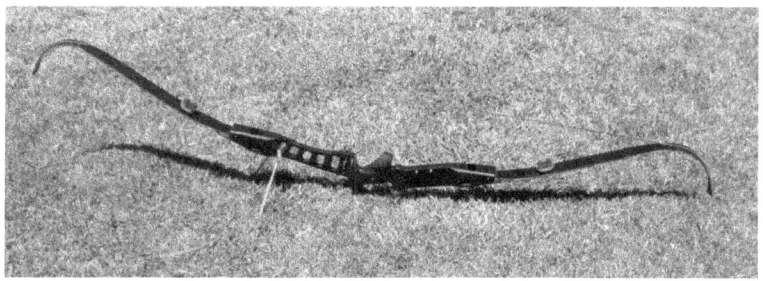

Algunos arqueros utilizan posa-arcos de compuestos que se fijan a la pala y hacen las veces de trípode, con ayuda del contrapeso. Otra opción es utilizar un posa-arco de clavar, muchos posa-arcos de tres patas tiene la opción de colocar sólo una pata en la base, para clavar en suelo blando. Resultan muy prácticos, cuando el suelo es blando y poco rocoso, en zonas montañosas pueden ser una pesadilla. Otros arqueros dejan el arco en el suelo o apoyado en un árbol, aunque esto sea peligroso.

Carcaj

Es un elemento fundamental de equipo, que nos permite llevar las flechas cómodamente, pero, sobre todo, en forma ordenada junto con otros accesorios. Es aconsejable llevar, en el carcaj, media docena de flechas. No importa si es un 3D o un Juego de Campo, las flechas se rompen o se pierden y deberemos reemplazarlas rápidamente, para evitar retrasar la patrulla buscando flechas entre el pasto.

Los carcajes con bolsillos permiten llevar muchos otros elementos. En mi carcaj llevo mi tab, mi protector de brazo y mi fingersling y, además, guardo un segundo tab, otro protector de brazo y un par de fingerslings de repuesto. También llevo una cuerda probada, igual a la que tengo en el arco, un armador para colocarla y algunos repuestos. Puede ser aconsejable llevar también un button y un rest iguales a los que estamos utilizando. Si usamos rest de alambre, deberíamos llevar uno o dos alambres de repuesto dada la propensión que tienen estos a romperse. Es aconsejable probar y poner a punto el arco con estos elementos de repuesto, para que, al utilizar los reemplazos, nuestro ajuste no varíe.

De la misma manera debemos llevar algunas herramientas, llaves Allen, destornilladores, etc. para poder ajustar cualquier tornillo que se afloje. Puede resultar útil llevar también alguna herramienta multifunción con pinza y hoja de corte, para sacar una flecha que se clave en un árbol, el marco de la contención, etc. De esta manera, cada vez que salimos al campo con nuestro carcaj, estaremos listos para cualquier eventualidad.

Cinturón y/o mochila

Considerando la cantidad de cosas que vamos a llevar durante el torneo, puede ser aconsejable contar con alguna forma de llevarlos. De esta manera, se lleva todo encima y a mano. Muchos ar-

queros prefieren colgar todo del cinturón del carcaj y otros prefieren una mochila para transportar todos los elementos.

En caso de optar por una mochila, es importante su calidad y comodidad, para que sea fácil de transportar y no cause problemas en pleno torneo. Puede ser una mochila común u con silla plegable para sentarnos en los tiempos de espera. Sin embargo, hay quien prefiere mantenerse de pie y consideran que, al sentarse, corren riesgo de relajarse demasiado y salir de "zona".

En la mochila llevaremos la ropa de repuesto e iremos colocando la que nos vayamos sacando a medida que la temperatura se

eleva al acercarse el medio día. Si las circunstancias lo ameritan, podemos llevar ropa para lluvia. También llevaremos agua suficiente para el recorrido (por lo menos un litro) y algún refrigerio como veremos más adelante. Se puede incluir algunos elementos de primeros auxilios y de higiene personal. Nunca está de más un buen repelente de insectos (recomendados en cualquier época del año).

Comida

Las competencias de Juego de Campo y 3D demandan un considerable esfuerzo físico. Se consume entre 2.000 y 2.800 kcal en un día de torneo. Los organizadores suelen proveer fruta y agua, pero podemos llevar algo más, por si acaso. Necesitamos contar un mínimo de 2 litros de agua y algo de comida, aunque no es necesario salir con todo encima, ya que todos los torneos tienen interrupciones para descanso.

La elección de la comida debe ser cuidadosa, la fruta es una excelente fuente de energía y algunas son muy prácticas de transportar. Las llamadas "barras de cereal" son muy prácticas para llevar e ir consumiendo cada cierto tiempo. Las comidas deben distribuirse a lo largo del día de manera de mantener cierta estabilidad. Sería aconsejable no recargar mucho el estómago con comida durante el descanso entre ambos circuitos (distancias desconocidas y conocidas), por más tentador que sea el almuerzo. Esto puede afectar nuestra performance en el inicio del segundo recorrido. Sobre todo, no ingiera comida extraña a las que no está acostumbrado. La conveniencia del consumo de cafeína y el mate es muy discutido, en principio no debería consumirse más de lo acostumbrado. Incluso, sería aconsejable consumir un poco menos de lo que solemos consumir diariamente. La cafeína tiende a desperdiciar líquidos internos, altera el ritmo cardiaco y afecta nuestra atención. Por todo esto, puede afectar en forma adversa nuestro desempeño deportivo.

Consideraciones finales

Esta es una simple enumeración de aquellos elementos que podemos necesitar durante una competencia de Juego de Campo o de 3D, sólo nuestra experiencia nos dirá qué nos está sobrando y qué deberíamos agregar. En lo personal suelo andar muy liviano, básicamente con lo que llevo en el carcaj y los bolsillos. Tomo mucha agua, pero puedo pasarme sin agua un buen rato. Ingiero muy poca comida, apenas los que proveen los organizadores y un par de barras de cereal más. A medida que vaya ganando experiencia, irá ajustando el equipo a sus propias necesidades.

A.3

Medir distancias

De las cuatro modalidades de las que podemos participar, en dos de ellas, la distancia es fija (Indoor y aire Libre), pero para obtener buenos resultados en competencias de Juego de Campo y/o 3D, se necesita alguna manera de estimar la distancia con cierta exactitud. Parafraseando a LarsGöran Swensson, en las competencias de Juego de Campo y 3D es esencial hacer buen uso de la naturaleza (vegetación, desniveles, luz, etc.). Junto con sus habilidades de tiro, el arquero debe saber leer los ambientes naturales y estimar las distancias sobre la naturaleza misma, aún sin conocer el tamaño del objetivo, como ocurre en 3D.

El error en la estimación de distancia es una de las causas más comunes que nos hace perder puntos en un torneo. Por eso necesitaremos encontrar una forma eficiente para calcular o percibir la distancia correcta al blanco, con el menor error posible. Esto es obvio en 3D y el recorrido de distancias desconocidas en Juego de Campo, pero también, es importante en el recorrido de distancias conocidas porque, en ocasiones, están mal indicadas. Me ha ocurrido en varias oportunidades que la distancia al blanco era mayor a la indicada e, incluso, mayor a la de la categoría para ese blanco.

Dudar la distancia produce tiros "flojos", que garantizan un yerro. Tener confianza y conocer nuestro margen de error nos permite hacer tiros fuertes que mejorarán nuestro puntaje. Los mejores arqueros rasos estiman las distancias con un error menor a un metro. Hay muchas maneras de estimar la distancia al blanco. La estimación de distancia es una habilidad que se aprende y se entrena, por ello deberemos entrenarlo casi tanto como el tiro mismo. Lo primero que necesitaremos es una forma práctica de medir las distancias, una cinta métrica, un telémetro o nuestros pasos. Con esto podremos medir la distancia "real" para confirmar nuestra estimación, mientras entrenamos. Una cinta métrica o un telémetro de calidad son dos formas muy precisas, pero poco práctico y caro respectivamente. Contar lo pasos o "tranquear" es la forma más práctica. En realidad, no es importante la medida exacta, sino poder ser precisos al medir y siempre medir/estimar, la misma distancia.

Para usar nuestros pasos como referencia debemos, en primer lugar, elegir qué tipo de paso haremos. Puede ser un paso natural, el que estamos acostumbrados a hacer, o un paso largo, el máximo que nos permite nuestro cuerpo, etc. No tiene importancia cual elijamos, a condición de que podamos repetirlo a voluntad. Una vez elegido el tipo de paso, debemos ir a algún lugar similar al campo de tiro y hacer pruebas. Colocamos una marca en el suelo, ponemos un pie sobre la marca, hacemos 10 pasos y colocamos una segunda marca. Medimos la distancia con cinta métrica y la registramos. Repetimos la prueba varias veces, anotando el valor en cada caso. Debemos repetir la prueba en pendientes hacia arriba y hacia abajo, en terreno disparejo, etc. Todo esto nos permitirá conocer nuestros pasos y utilizarlos para entrenar y en competencias. En mi caso, con pasos naturales recorro los 10m con 12 pasos, es decir que 25 pasos, son unos 20m.

Métodos generales

En primer lugar, debemos dejar claro que está expresamente prohibido el uso de teléfonos celulares, cámaras fotográficas, telémetros, etc. que puedan ser utilizadas para estimar distancias. Tampoco se puede reformar partes del equipo de manera que permitan calcularlas.

En todos los blancos de 3D y en la primera parte de los Juegos de Campo desconocemos la distancia al blanco. Así, en estos casos, necesitaremos estimar esa distancia con tanta exactitud como sea posible. En el caso de Juego de Campo, contamos con la ayuda del blanco que nos servirán como referencia, cosa que no ocurre con los blancos 3D.

Existe una infinidad de métodos para medir distancias y cada arquero tiene el suyo. Incluso, es muy común que varios arqueros estimen diferentes distancias para un mismo blanco y sin embargo, cuando cada uno de ellos tira con el agarre correspondiente, todos dan en el blanco. Cada arquero debe encontrar su forma de medir distancias, aquella que le permita tirar con precisión. El truco está en que las "distancias desconocidas" dejen de serlo.

Muchos arqueros calculan la distancia a ojo, lo que llaman "golpe de ojo", con gran exactitud. Miran el blanco y saben a qué distancia está. Este método, precisa un constante entrenamiento y cierta habilidad innata. Debemos entrenar tirando sobre blancos de diferentes tamaños a distintas distancias. Es fundamental, ir cambiando de blancos y distancias, para evitar el acostumbramiento que encubrirá nuestros errores de estimación.

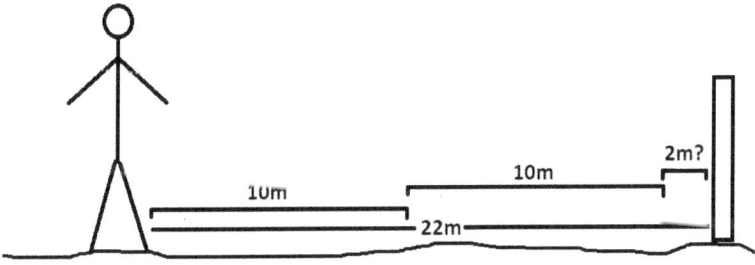

Otro método para estimar distancias es la técnica de los 10m, que consiste en aprender cómo se ve una longitud de 10 metros a diferentes distancias. Con esta imagen en mente, estimamos un punto en el suelo que esté 10 metros delante nuestro. A continuación, desde ese punto, y utilizándolo como referencia, estimamos otros 10 metros. Repetimos el proceso hasta llegar a la cercanía del blanco y estimamos la fracción restante. Así si contamos tres tramos de 10m y otro tramo de 3 metros, estaremos a 33 metros del blanco. Para esta última fracción nos puede ayudar imaginar personas acostadas (1,7m). El problema es que, si nos equivocamos al estimar la distancia del tramo, este error se multiplicará por la cantidad de tramos. En el ejemplo, un error de 1m nos hará errar en 3m la distancia estimada.

Otros utilizan el método del punto medio, esto es buscar el punto medio de la distancia al blanco y estimar esa distancia que, por ser menor y más cercana es más fácil de estimar. Obviamente, la distancia al blanco será el doble de la estimada para el punto medio. Aquí, también el error en la estimación nos dará el doble de error en la distancia al blanco.

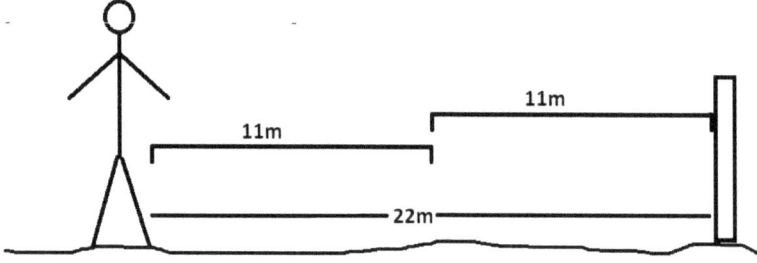

Para poder utilizar estos dos métodos, necesitamos ver el suelo desde nuestros pies hasta el blanco. Pero esto no siempre es posible, cuando tiramos por sobre hondonadas, arroyos, etc. En estos casos, podemos valernos de algún objeto intermedio como un árbol, roca, etc. que sea visible, aunque no podamos ver el suelo. Así, estimamos a qué distancia está dicho árbol y luego la distancia entre este árbol y el blanco. Sumándolas tendremos nuestra distancia al blanco. También podemos buscar otro objeto que se vea a la misma distancia que el blanco, pero en otra dirección donde el suelo es visible. Estimaremos la distancia a dicho objeto, que debería ser la misma que al blanco.

StringWalking

Uno de los métodos más antiguos consiste en utilizar un dedo como referencia, pero sólo funciona cuando conocemos las medidas del blanco. Este método, está expresamente autorizado por World Archery y puede resultar sumamente práctico. Es muy personal ya que depende de nuestro largo de brazo, distancia entre los ojos y ancho de los dedos, etc. El sistema se basa en trigonometría, comparando triángulos proporcionales, unidos por el vértice. No necesitamos complicarnos con trigonometría, sólo debemos realizar unas pruebas prácticas. Algunos arqueros aprenden cómo se ven los blancos o las contenciones respecto de la uña de su pulgar (u otro dedo). Así, por ejemplo, si colocamos la uña del pulgar cubre toda la contención a 35 m, a 17 o 18m cubrirá solo media contención.

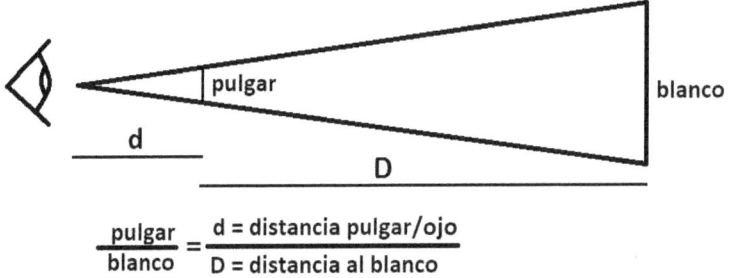

Otro método similar, conocido como "método del búho", consiste en alinear el borde izquierdo de nuestro pulgar con el borde izquierdo de la contención, mirando solo con el ojo derecho. Manteniendo la posición, cerramos el ojo derecho y abrimos el izquierdo. Se verá un desplazamiento aparente del pulgar sobre la contención, que será mayor cuanto mayor sea la distancia. Por ejemplo, en mi caso, para contenciones de 1,2m de ancho, a 30m se desplaza una contención completa, es decir que el borde izquierdo del pulgar se desplaza una distancia de 2,4m aproximadamente. A 20 metros este desplazamiento es de 1,5 contenciones (1,8m). Esto en el caso del Juego de Campo, nos permite tener una estimación bastante certera de la distancia, que puede confirmarse midiendo los blancos mismos, deberemos confirmarlo porque algunos clubes utilizan contenciones de diferente tamaño, lo que complicaría este método.

En ocasiones podemos encontrar objetos ordenados que nos sirven de referencia para estimar la distancia al blanco. Cuando nuestra línea de tiro es paralela a un alambrado, podemos contar los postes y varillas para estimar la distancia. Por lo general, en los alambrados argentinos, la distancia entre postes es de entre 10 y 12 metros y las varillas van distribuidas de manera uniforme. Es decir que, si tenemos 7 varillas entre postes, la distancia entre dos de ellas será de 1,7 metros. Si estamos a 3 varillas del próximo poste y quedan dos postes más para llegar al blanco, estimaremos la distancia en (1,7x3)+12+12= 29 metros. Lo mismo podemos hacer con árboles siempre que estén a igual distancia.

Distancia en Juego de campo

Estimar las distancias en esta modalidad es más simple que en la de 3D, ya que los blancos tienen tamaños definidos y cada uno se tira dentro de un rango de distancias determinado. Esto reduce las variables.

Blanco	AZUL
20 Cm	5 - 10
40 Cm	10 - 20
60 Cm	15 - 30
80 Cm	30 - 45

Antes de estimar la distancia, debemos identificar de qué blanco se trata. Esto nos indicará el rango de distancias a estimar, entre la máxima y mínima para dicho blanco. Por ejemplo, para ARCO RASO, un blanco de 40cm deberá estar entre 10m y 20m, pero necesitamos poder estimar la distancia justa.

Identificar los blancos de 20cm y 40cm es simple, por su forma y distribución en la contención. Los blancos de 20cm son del tipo denominado triple spot y cada blanco consiste en tres pequeños blancos, ordenados en forma vertical, que se colocan uno a lado del otro. Por otro lado, los blancos de 40cm se colocan de a cuatro, dos arriba y dos abajo en cada contención.

El problema es distinguir el blanco de 60cm del de 80cm. Ambos se colocan en forma individual en una contención y, vistos desde sus respectivas distancias, se ven muy parecidos. Una forma de identificarlos es comparar el tamaño del blanco con el de la contención, prestando atención a cuanta superficie ocupa el blanco. Pero hay que tener cuidado porque algunos organizadores utilizan contenciones de diferente tamaño, ajustándolas a los blancos y esto puede llevar a confusión. También se puede comparar el diámetro del blanco con las marcas del fabricante, que suelen parecer más grandes y cercanas en el blanco de 60cm. Cuando podamos ver a los arqueros de la patrulla anterior, mientras están puntuando o retirando sus flechas, podemos comparar su tamaño con el del blanco y así saber si un blanco es de 60cm o de 80cm. También podemos comparar el tamaño del cartel que identifica el número de blanco con el tamaño del mismo. Otra forma es ir contando los blancos de 60cm y de 80cm que vamos tirando. Debería haber tres de cada tipo en una ronda de 12 blancos. Pero esto no sirve cuando iniciamos el torneo.

Las ubicaciones relativas de las estacas de cada color, nos pueden servir como guía para identificar la distancia. Para esto debemos conocer las distancias para cada estaca en cada blanco o tener a mano el cuadro correspondiente. Analizando la tabla de distancias por categoría, podemos ver que el rango de distancias de las distintas estacas puede superponerse. Si, por ejemplo, nos encontráramos con un blanco de 60cm en el que la estaca roja está al lado de nuestra estaca azul, podemos estar casi seguros de que el blanco se encuentra entre los 20 metros (mínimo de la estaca roja) y los 30m (máximo de la azul). Esto nos sirve para corroborar nuestra estimación de la distancia y, así, reducir el error de estimación.

Engaños y confusiones

Los arqueros, en realidad, compiten contra los organizadores del torneo y estos se toman el asunto muy en serio, utilizando cada truco posible para engañarnos para que se equivoquen en la estimación de las distancias.

Cuando el blanco está en una zona oscura con sombra, o entre la vegetación, y la estaca está en una zona clara, la distancia nos parecerá mucho más larga que la real. Si, por el contrario, nos encontramos en una zona oscura y el blanco está a plena luz, la distancia nos parecerá menor a la real. De manera similar, si el espacio entre la estaca y el blanco fuera un pasillo angosto entre árboles, el blanco nos parecerá que está mucho más lejano. También se complica la estimación de la distancia al blanco ocurre cuando se tira en zonas abiertas muy amplias sin referencias visibles, o por sobre una superficie de agua (arroyo, laguna, etc.). Por lo general, en estas circunstancias, se estima la distancia como más larga de lo que realmente es. Al tirar sobre una hondonada o cuando no podemos ver el suelo desde la estaca de tiro hasta el blanco, la distancia también parecerá más larga. Los tiros en desnivel hacia abajo harán que el blanco parezca más lejano, pero, además, necesitaremos corregir la puntería por el desnivel, como veremos más adelante. Tirando hacia arriba o cuesta abajo, la gravedad tiene efecto sobre la trayectoria de la flecha y deberemos ajustar nuestra puntería.

Trampas, pero no tanto

Como ya dijimos, está expresamente prohibido utilizar partes del equipo para calcular las distancias. Por eso podría ser objetable incluir en el libro algún método para hacerlo. Sin embargo, el mismo Manual de Juego de Campo de World Archery explica claramente cómo utilizar la mira del arco recurvo para calcular distancias. Esta contradicción me habilita a explicarlo, siempre haciendo la salvedad que no está permitido.

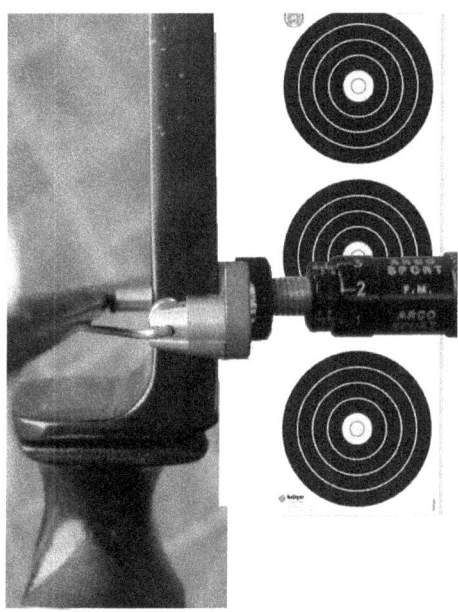

Utilizar partes del arco para medir la distancia al blanco es muy popular. Si se hace con discreción, es imposible para los jueces ver si estamos midiendo durante el disparo. Así podremos realizar algunas mediciones antes del tiro para confirmar la distancia que estimamos. Si estos valores fueran muy distintos, podemos abortar el tiro y realizar la corrección en el agarre. Cabe aclarar también que no se permite "modificar" parte alguna del equipo para que nos ayude a medir la distancia al blanco, debe hacerse con un equipo estándar.

Este método es más práctico para Juego de Campo que para 3D, porque conocemos el diámetro de los blancos y el ancho de cada anillo. En 3D, se dificulta porque los tamaños de los animales son de lo más variados. Debemos saber el tamaño de alguna parte de nuestro equipo, como el button, la punta de la flecha, etc., de manera que, por trigonometría, podemos calcular la distancia al blanco. Se basa en el teorema de Tales, utilizado desde hace años para medir distancia, utilizando la proporcionalidad entre dos triángulos. Así, conociendo el blanco de qué se trate y el tamaño de alguna parte del arco, podemos establecer una proporción. Esta proporción dependerá del blanco que sea y de qué parte del equipo utilicemos para realizar la medición. Existen muchas formas matemáticas de encontrar la relación más adecuada, pero lo mejor es hacerlo en forma práctica.

Para ello, colocamos un blanco, por ejemplo, el de 40cm, a la distancia mínima (10m) y buscamos alguna parte del arco que cubra parte del blanco, por ejemplo, el button. No siempre es fácil encontrar una relación matemática. Por ejemplo, a 10m encontramos que el cuerpo del button cubre tres anillos. Si dividimos los 10m por los tres anillos, nos dará un factor de corrección de 3,33, que redondeamos a 3. Nos trasladamos a los 20m y medimos cuantos anillos cubre el button. En este caso, el cuerpo del button cubre 6 anillos. Probamos el factor de corrección y vemos que casi coincide, 6x3=18. Debemos entonces encontrar una ecuación que nos ayude. La que mejor se adapta es número de anillos, multiplicado por 3, más uno (n x 3) + 1 ("n" es el número de anillos). Este proceso se repite para cada tamaño de blanco y, en cada caso, encontraremos una ecuación distinta.

Un detalle a recordar es que los blancos que están en ángulo se ven más pequeños y tenderemos a estimar y/o medir la distancia más larga que la real.

Para utilizar este método en competencias 3D deberemos tener una idea de la altura y/o el largo de los diferentes animales. Esto nos permitirá estimar la distancia, pero con menor exactitud que para Juego de Campo. Para estos casos es mejor utilizar los métodos generales.

A.4

Dificultades de tiro

En las competencias de Aire Libre e Indoor se tira sobre una superficie plana y firme, en condiciones más o menos controladas. En cambio, en las competencias de Juego de Campo y 3D, se presentan muy pocos tiros a nivel, los arqueros tiran muchos blancos hacia arriba o hacia abajo y en condiciones variadas.

Tiro en desnivel

Tirar con desnivel nos afecta de dos maneras, porque se dificulta mantener la alineación del cuerpo (forma de "T") y porque el efecto la gravedad en la trayectoria de la flecha puede producir tiros altos o bajos, según el caso.

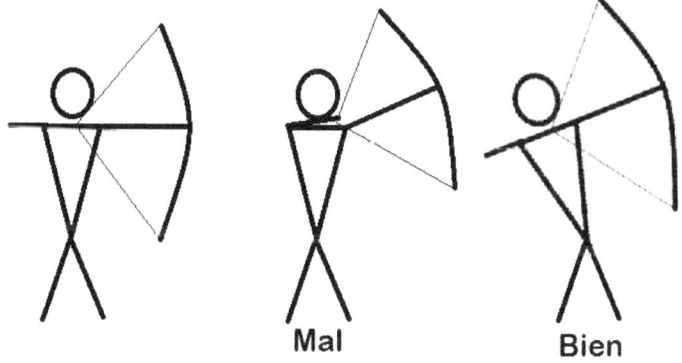

Tiro horizontal   Tiro hacia arriba

Al tirar en desnivel, debemos elevar o bajar el arco (según corresponda). La forma correcta de hacerlo es flexionar el cuerpo desde la cintura, para mantener la forma "T" de los hombros respecto de la columna vertebral. Se debe evitar elevar o bajar el arco desde el hombro, porque esto reduce nuestra distancia efectiva de tensado, que afectará la velocidad de la flecha y que quedará corta en distancia.

El efecto de la gravedad al tirar hacia arriba o hacia abajo, es complejo. La clave para entender la trayectoria de una flecha en tiros en desnivel es considerar que la gravedad solo actúa perpendicularmente a la superficie de la tierra. Por lo tanto, actúa sobre la flecha en la distancia horizontal que recorre. Al tirar en desnivel, podemos considerar un triángulo rectángulo formado por la diferencia de altura del tirador y el blanco, la distancia real al blanco y la distancia horizontal al blanco. Con los dos primeros datos podremos calcular la distancia horizontal o de puntería. Pero, sólo la experiencia y las pruebas que realicemos, nos dirá cuanto debemos corregir y en qué sentido, para cada combinación de inclinación y distancia. Lo más común es corregir el agarre, esto es, restar o agregar unos metros en la corrida a la distancia directa estimada del blanco. Así, le quitaremos uno, dos o cinco metros de acuerdo al desnivel entre el arquero y el blanco.

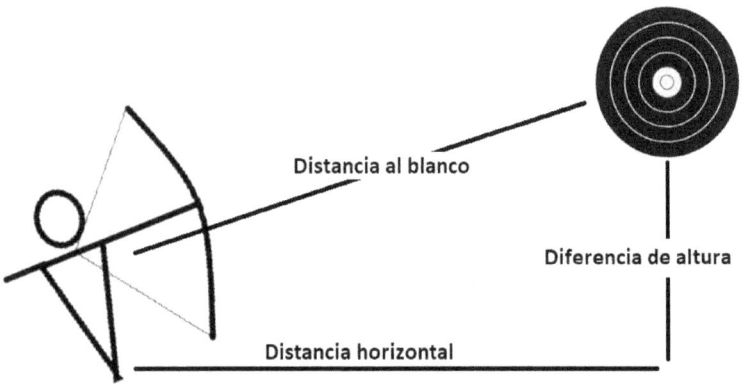

Algunos arqueros bastante exitosos corrigen "tirando mal", al no mantener la "T", dado que eso acorta la tensada y el tiro sale "más corto". Para que esto funcione, hay que probarlo y tener una excelente consistencia "tirando mal".

El piso
Este es un factor que puede estar relacionado con el anterior, pero es diferente. Además del desnivel entre el puesto de tiro y el blanco, puede ocurrir que el suelo, en el puesto de tiro, esté desnivelado. Siempre trataremos de tirar desde una superficie nivelada, sin embargo, muchos organizadores ponen el énfasis en dificultar el tiro, colocando las estacas en lugares difíciles. Cuando el piso está desnivelado, debemos buscar la forma de tirar manteniendo la "T". Una opción es flexionar una de las piernas buscando un equilibrio que permita mantener los hombros alineados con la flecha. Otra opción práctica es tirar con ambos pies juntos. El arquero tiene permitido escarbar y mover el suelo para encontrar una superficie nivelada y firme. Es muy probable que encontremos una superficie nivelada de 30cm de diámetro, que es todo lo que necesitaremos para tirar con ambos pies juntos. Lo fundamental es entrenar estos tiros desde superficies desniveladas, para estar preparado.

Sol y viento
En las competencias de Juego de Campo, la luz puede jugarnos una mala pasada al incidir desde distintos ángulos en los diferentes blancos En Juego de Campo y 3D, esto es mucho más complicado y crítico que en otras competencias, ya que a medida que recorremos el campo, vamos tirando en distintas direcciones y el sol incidirá de diferente manera en cada caso. Como regla general, podemos decir que la flecha "se desviará" en sentido contrario al lado desde el que incide el sol. Esto se debe a que el brillo del sol sobre la punta de la flecha, hace que esta parezca más gruesa de ese lado, desplazando la imagen que vemos hacia el otro. Si el sol viene de la derecha, nuestras flechas se desviarán hacia la izquierda.

La influencia del viento es igualmente complicada por razones similares. Los cambios de posición de tiro en los distintos blancos hacen que el ángulo de incidencia sea siempre distinto. Para dar en el centro deberemos compensar el efecto del viento. Si tenemos viento desde la izquierda, la flecha, llevada por el biento, impactará más a la derecha. Por ello debemos apuntar más a la izquierda, "tirar hacia el viento" y viceversa.

Pero desafortunadamente no es tan simple. Al competir en un ambiente natural, con árboles, hondonadas, espacios abiertos, etc., el efecto del viento no es igual a todas las distancias. Si, por ejemplo, tiramos desde una zona boscosa hacia un campo abierto, puede ocurrir que cuando la flecha salga, se vea afectada por una intensidad de viento que nosotros, entre los arboles no pudimos percibir. Incluso, la presencia de árboles puede producir remolinos y/o cambios en la dirección del viento que desvíe nuestras flechas en forma inesperada.

Segundo y tercer tiro
Es conveniente entrenar distintos agarres durante las prácticas. Por ejemplo, tirar desde el agarre que da en el centro, pero también pruebe tirar con otros agarres, 5m más corto y 5m más largo, para conocer dónde pega en esas circunstancias. Esto nos ayudará a estimar mejor la distancia y saber cómo corregirla para la segunda y tercera flecha, luego que la primera dio más baja o más alta de lo esperado.

Podemos considerar cuatro alternativas:
1- Si el primer tiro se sintió bien y pegó bien, repítalo.
2- Si el primer tiro se sintió bien y pegó mal, tiene dos opciones: corrige altura y dirección cambiando el apuntado o corrige altura cambiando el agarre y se corrige la horizontal con el apuntado.
3- Si el primer tiro se sintió mal y pegó bien, confirme la estimación de la distancia, el agarre y vuelva a disparar.
4- Si el primer tiro se sintió mal y pegó mal, repítalo porque muy probablemente el problema fue de su forma de tirar.

A.5

StringWalking + Gap

Este es un método de apuntado que resulta útil para asegurarnos que las flechas den en el amarillo a las distancias desconocidas de Juego de Campo. Es una combinación de técnicas Gap y StringWalking que permite que, con un solo agarre, todas las flechas den en el amarillo en un rango determinado de distancias. El método se basa en el hecho de que, durante una parte de su trayectoria, la flecha vuela en forma casi horizontal. Dentro de ese recorrido, la variación vertical del punto de impacto es mínima. Con esta técnica, se busca aprovechar esto, haciendo que la flecha se encuentre con el blanco dentro de ese rango de distancias. El truco es encontrar el punto en la cuerda (SW) que hace que cuando apuntamos a la base del blanco (Gap), la flecha dé en el centro. En la práctica, es mucho más simple que explicarlo.

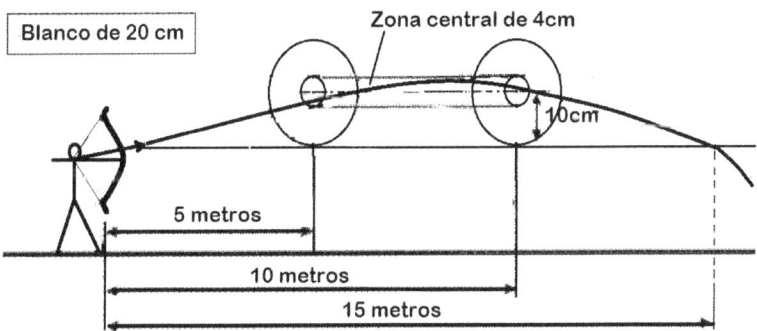

Como puede verse en la figura, utilizando esta técnica combinada se puede tirar con un sólo agarre sobre los blancos de 20 cm entre los 5 y 10m. Para ello, el arquero camina la cuerda como si fuera a tirar a una distancia mayor. En mi caso, utilizo el agarre de 15m para el blanco de 20cm y tiro apuntando a la base del blanco. El agarre y el punto al cual apuntamos dependerá de la configuración de nuestro equipo, las flechas que utilicemos, etc. Debemos probar hasta encontrar un agarre y un lugar en el blanco donde poner la punta de manera que en todas las distancias las flechas den en el amarillo.

Para hallar el agarre óptimo con SW+Gap, debemos probar un agarre mayor al de la máxima distancia para ese blanco, por ejemplo, (25m) para el blanco de 40cm, cuya distancia máxima es de 20m. Con ese agarre, tiramos primero a la mínima distancia, (10m), apuntando a la base. Las flechas darán en el blanco y vemos donde está el centro del grupo. A continuación, repetimos la prueba con el mismo agarre, pero a la distancia máxima de ese blanco (20m), también apuntando a la base. Si tuvimos suerte, todas las flechas habrán dado en el amarillo. Caso contrario, observaremos la diferencia de altura entre ambos grupos y su posición. Si ambos grupos de flechas agrupan en una distancia igual o menor al diámetro del amarillo, pero no coinciden con el amarillo, deberemos cambiar el lugar al que apuntamos, para poder ajustar los grupos con el centro.

Si ambos grupos están muy separados, debemos cambiar el agarre y probar hasta lograr, si es posible, que ambos grupos estén juntos. Una vez encontrado el agarre para un blanco determinado, podemos probar otros agarres cercanos y ver los resultados. Puede que alguno reduzca la distancia de los grupos a diferentes

StringWalking

distancias, mejorando la precisión.

Esta técnica no siempre puede aplicarse a todos los blancos. Con mi configuración actual, logro usar un agarre para el blanco de 20cm, el agarre de 15m y tirar todos los blancos entre 5m y 10m con ese agarre. Para el blanco de 40cm, utilizo el agarre de 25m con increíble precisión, apuntando justo debajo del "1". De hecho, he participado de competencias de Indoor (blanco de 40cm) utilizando esta técnica.

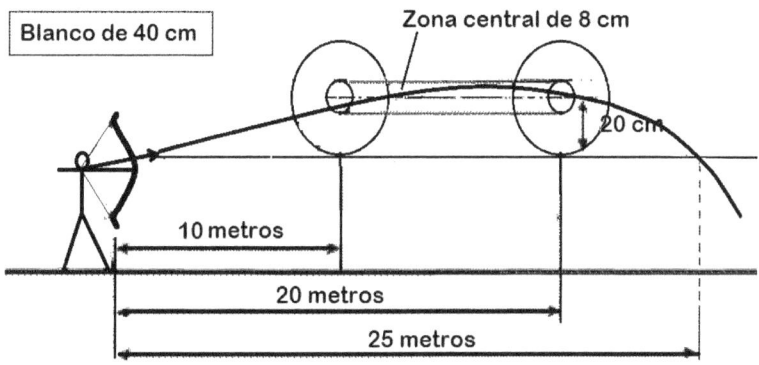

El blanco de 60cm se complica un poco con mi configuración. Con el agarre de 35m y apuntando justo debajo del "1" todas las flechas bien tiradas, van al amarillo entre los 15 y 25m. Eso hace que, a mayor distancia, las flechas den bajas, pero dentro del blanco. Para ese blanco, pero más allá de los 25m debo apuntar con el mismo agarre, pero más alto.

Para el blanco de 80cm este sistema no me funciona y tengo que estimar la distancia y utilizar los agarres correspondientes.

Esta técnica nos permite "salvar" la primera flecha, en competencias si tenemos dificultad en estimar correctamente la distancia. Después de la primera flecha se puede ajustar la posición de los dedos, si fuera necesario. Sin embargo, si pretendemos los primeros puestos puede que este sistema no nos alcance. Para lograr los mejores resultados en competencias de Juego de Campo y 3D con arco raso, es necesario utilizar la técnica del StringWalking y, sobre todo, aprender a medir las distancias. Para los arqueros de elite, no existen las distancias desconocidas, porque saben cómo estimarlas con un mínimo error.

A.6

Corrida fija

Conocida en inglés como "Fixed Crawl", esta técnica consiste en utilizar una sola corrida para la distancia media de tiro y adaptar la puntería cuando las distancias son más cortas o largas. Se diferencia de la anterior (StringWalking + Gap) en que aquí se utiliza un sólo agarre y se tira a distancias mayores y menores a las de ese agarre.

Como vimos, siempre hay que hallar un compromiso entre las corridas y el vuelo adecuado de la flecha (puesta a punto). Esto no constituye ningún problema cuando tiramos al blanco, ya que basta con que la flecha quede clavada para que puntúe. Sin embargo, a la hora de cazar, sobre todo caza mayor, la penetración es un factor clave para causar una muerte humanitaria de la presa. La única manera de asegurar una buena penetración es lograr el vuelo recto de la flecha con un mínimo de interferencias, de manera que toda la energía del arco se transfiera a la flecha y esta la utilice para penetrar la presa. Algunos cazadores utilizan la técnica de corrida fija con bastante éxito.

Por lo general, se opta por un agarre un poco más largo que la distancia media a la que esperamos disparar y se ajusta luego apuntando más arriba, si el blanco está más lejos y más abajo si estuviera más cerca. Así, por ejemplo, ponemos el arco a punto para la corrida de 25m. De esta manera, al tirar desde ese agarre único, si la presa estuviera entre 10m y 20m, apuntaremos a la parte baja del tórax de nuestra presa. Si, por el contrario, estuviera a 30m, apuntaríamos a la parte alta del tórax. En distancias intermedias corregiríamos la puntería, dentro de estos márgenes.

Para ajustar el arco, se coloca una marca en el agarre correspondiente a los 25m, para este ejemplo. Esta referencia no solo debe ser muy visible, sino que debe sobresalir bien para poder encontrarla sin tener que quitar la vista de la presa. Se puede hacer con hilo como los nocking points o utilizar uno metálico. Desde ahí se tomará la cuerda siempre y se realizará la puesta a punto, que ya no deberá ser un compromiso entre varios agarres ya que hay un agarre único.

Luego de la puesta a punto se deben realizar pruebas a diferentes distancias para ver dónde impactan las flechas. En general, a corta distancia, las diferencias entre los impactos son mínimas, lo que asegura su efectividad. En cualquier caso, la distancia vertical entre la punta de la flecha y el punto donde se quiere impactar, será menor que si se tira con tres dedos debajo del nock, lo que mejora notablemente la precisión.

A.7

Mi Tab

Sería conveniente, a modo de ejemplo, mostrar cómo utilizo mi propio tab. Cabe aclarar que esta configuración es vieja. Debido a varios cambios en el equipo y mi forma de tiro, se han movido las corridas y hoy tengo un alcance máximo de 65m, pero estos cambios están todavía en proceso.

En lo personal, luego de probar muchos modelos comerciales y hacer varios a mano, utilizo exclusivamente el A&F BAREBOW de cordobán. Este tab está fabricado en cuero cordobán de excelente calidad y con cuerpo de aluminio con un separador de dedos angosto. Este separador resulta fundamental para lograr posicionar el tab siempre en la misma ubicación vertical en la mano de la cuerda. Otros tabs mantienen su posición, solo mediante las tiras de fijación, lo que no me da seguridad.

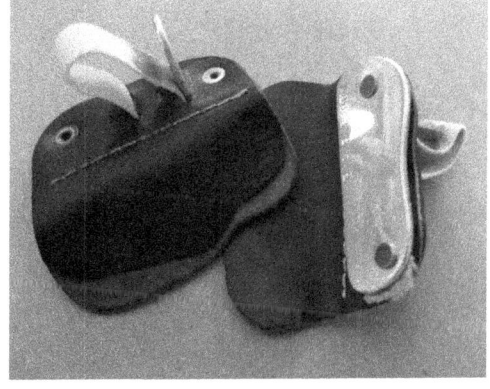

Utilizo una técnica combinada de tiro normal de StringWalking convencional y StringWalking/Gap, según el blanco de que se trate. Así, utilizo el agarre/corrida de 15m para el blanco de 10cm (triple spot), tanto a distancias desconocidas como conocidas. Tiro este blanco a cualquier distancia entre 5 y 10m, apuntando a la base del mismo. Para tirarlo a 15m, apunto al amarillo. Dada la precisión que logro con este agarre a las diferentes distancias, no encontré razón para utilizar agarres más específicos para las diferentes distancias.

Con la misma técnica tiro el blanco de 40cm, pero, en este caso con el agarre/corrida de 25m. Con él puedo tirar ese blanco entre los 10 y 20m apuntando a la base del blanco (debajo del "1") y, apuntando al amarillo, lo tiro a 25m.

Este sistema, comienza a complicarse para los otros blancos, más distantes. En el caso del blanco de 60cm, puedo utilizar un agarre para tirar entre 15 y 25m, pero a 30m la flecha cae al "1". De esta manera, no quedan cubiertas todas las distancias, pero me permite un tiro más seguro si no puedo estimar correctamente la distancia justa.

Para el blanco de 80 cm, tengo que estimar la distancia con cuidado, no hay un agarre que me permita tirar todas las distancias desconocidas. Las distancias conocidas las tiro usualmente con el agarre correspondiente a la distancia al blanco.

Este es mi sistema y me resulta sumamente útil. Es probable que, en algún momento limite mi crecimiento en los torneos y no me permita lograr puntajes a nivel internacional. Sin embargo, por ahora funciona suficientemente bien para disfrutar de los torneos.

Nota final

Espero que este libro resulte útil y sea de ayuda para quienes practican el tiro con ARCO RASO. En él he tratado de volcar toda mi experiencia, lo que pude aprender y probar sobre esta apasionante técnica de tiro. Hasta ahora no existía información organizada sobre todos los aspectos de estas técnicas, este es probablemente el primer libro dedicado exclusivamente al StringWalking. Por esto seguramente será perfectible. Como puede verse, algunas teorías de este libro son contradictorias, precisamente porque diferentes arqueros encuentran resultados diametralmente opuestos para las mismas condiciones. No existe una sola forma de tirar con arco raso ni con la técnica del StringWalking. Este es un verdadero arte que se debe experimentar para encontrar la técnica adecuada y el ajuste óptimo de nuestro equipo y nuestra forma de tiro. Eso nos permitirá disfrutar de las competencias en el nivel que podamos alcanzar, porque eso es lo más importante. Este libro está dedicado principalmente al equipo y su ajuste, y a la logística del ARCO RASO porque la técnica de tiro es la misma que para las otras categorías. La única diferencia está en utilizar un punto de anclaje más alto y algunos ajustes personales. Dos problemas que tuve hace pocos días me confirmaron (si hiciera falta) dos cosas. Primero que, aunque el equipo no es lo más importante, no deja de ser crítico y segundo que la costumbre y familiaridad con el equipo puede hacernos descuidados. El primer problema lo tuve en un torneo de Juego de Campo dónde tiré muy mal, incluso los blancos que tengo más seguros, los de 20cm y 40cm. El arco tiraba mal, por más que cuidaba la forma de tiro. Al analizar la puesta a punto vi que, por un error de armado del arco, el tiller en vez del usual de 4mm, era de -8mm, es decir que de positivo pasó a negativo.

Si hubiera controlado el equipo luego de armarlo, hubiera podido corregirlo a tiempo. De todas maneras, esto muestra la importancia de tener el equipo en condiciones adecuadas. El otro problema fue muy curioso, un día, el arco comenzó a tirar más bajo. Los agarres se corrieron 10m, es decir que el agarre de 25m se transformó en el de 15m, para luego comenzar a tener tiros erráticos en altura. Un análisis del equipo, mostró que el émbolo del button estaba gastado y redondeado. Cunado coloqué un émbolo nuevo, se solucionó.

Por último, el ARCO RASO ha avanzado mucho en este último tiempo. Tanto es así que me vi obligado a reescribir varios capítulos debido a los cambios introducidos en las finales y la incorporación de la categoría en el circuito mundial de Indoor. Es de esperar que siga ganando adeptos y que este libro sirva para difundir aún más este apasionante aprendizaje que es el String-Walking.

Si tiene alguna duda, inquietud o crítica sobre este u otro de mis libros, no dude en contactarse por email: mlgoec@hotmail.com o por Facebook: https://www.facebook.com/martin.godio.1

En cualquier caso, muchas gracias por tomarse el tiempo en leer mi libro.

Glosario

A.

Ajuste del nock: relación entre el diámetro de la ranura del nock y el servinado central de la cuerda.
Alcance del arco: Distancia máxima hasta la que puede llegar la flecha lanzada por el arco.
Anclaje: referencias en la cara y en la espalda cuando se completa la tensada del arco.
Apertura: largo de tensado del arquero cuando llega al anclaje.
Armador: herramienta utilizada para colocar la cuerda en las ranuras de la punta de las palas.
Apuntar: proceso por el cual el arquero toma referencias para dirigir la flecha hacia el lugar deseado. Este proceso puede ser consciente o inconsciente.

B.

Balanza para arcos: Elemento especial para medir la fuerza necesaria para tensar un arco.
Blanco: Cartulina con dibujos de distinto tipo de acuerdo a la competencia de que se trate. Los blancos de Aire libre e Indoor son multicolor, mientras que los blancos de Juego de Campo son negros con el centro amarillo. Los blancos de 3D toman la forma de diversos animales y son solidarios con la contención.
Blanda: referido a la flecha, hace referencia al comportamiento de la misma, cuando se dobla demasiado y/o demasiadas veces durante el disparo.
Botón de presión. Es una pieza clave para el ajuste del arco. Es un mecanismo cilíndrico ajustable que se coloca en el cuerpo del arco encima del reposaflecha y que tiene en su interior un resorte que empuja un vástago con mayor o menor presión según lo ajuste el arquero. Su finalidad es la de compensar la torsión-flexión que actúa sobre la flecha para conseguir un vuelo más estable.

Brace height: (o "fistmelle") distancia entre la cuerda y el punto de apoyo de la mano en el grip, medido a 90° de la cuerda. Esto define el punto donde estará la cuerda en reposo y desde el cual comenzaremos a tensar el arco.
Button: ver botón de presión.

C.

Centershot: grado de proximidad entre la flecha y la línea central del arco. Depende de la profundidad de la ventana de tiro.
Centershot estático: es la posición de la flecha sobre el lateral de la ventana, sea sobre el button u otro apoyo como cuero, velcro, etc. Regula la posición de salida de la flecha.
Centershot dinámico: Es la posición final de salida de la flecha, condicionada por la fuerza del apoyo lateral (resorte).
Contención: Estructura que tiene por función detener la flecha sin dañarla, sobre la que se colocan los blancos. Pueden estar hechas de materiales blandos como foam o cartón y nylon (en las fabricadas artesanalmente). En el caso de las competencias de 3D, las contenciones tienen forma de diversos animales.
Contrapeso: Pieza sólida, generalmente de metal que se coloca en el arco para modificar el centro de gravedad del mismo.
Corrida: Distancia por debajo del nock por donde el arquero toma la cuerda en StringWalking.
Corridas más cortas: Toma para distancias más cortas.
Corridas más largas: Toma para distancias más largas.
Cuerda: conjunto de hilos que forman una soga, unida al arco en sus extremos y permite flexionar las palas del arco. Es pieza clave para su funcionamiento, ya que media entre el arco y la flecha.
Culatín: ver nock.
Curva de fuerza de tensado: gráfico construido con los valores de la fuerza realizada para tensar el arco a distintas distancias. De esta manera, nos permite conocer la potencia real de un arco y comparar el funcionamiento de distintos arcos.

D.

Drag: fricción que se produce entre la flecha (los timones) y el aire que frena y endereza la flecha en vuelo.
Drawforce curves: curva de fuerza de tensado.
Dry Fire: ver tiro en seco.
Dura: referido a la flecha, hace referencia al comportamiento de la misma, cuando no se dobla lo suficiente y/o pocas veces durante el disparo.

E.

Efecto placebo: cómo se aplica en este libro hace referencia a un mejoramiento en nuestro desempeño debida al efecto psicológico que produce un cambio. Esto no puede llevar a confusiones en la puesta a punto. Por lo general, esta ventaja se pierde al cabo de unos días por acostumbramiento.
Efecto rebote del rest: elevación de la flecha, que se produce durante el disparo, por efecto de la elasticidad del rest.
Eficiencia del arco: Es la proporción de la potencia de tensado que el arco transfiere a la flecha. Cuanto mayor proporción transfiera más eficiente será el arco.
Endless: o cuerda "sin fin", está formada por varias vueltas de un hilo continuo, sin interrupción. Posee servinado en cada extremo y en la parte central.
Enfleche: ver nocking point.
Escuadra: Herramienta utilizada para medir el brace height, tiller y nocking point del arco.
Estabilizadores: elementos adosados al arco que ayudan a mejorar el funcionamiento del mismo durante el disparo. Las opciones van desde simples contrapesos macizos hasta barras de fibra de carbono.
Estaqueo: momento de la tensada en que la potencia del arco aumenta en forma desproporcionada, cuando el arco se tensa más allá de lo adecuado.

F.

Field Target: competencia de arquería en la que se tira sobre

blancos ubicados en distintos lugares del campo. Cada blanco se tira desde distintas distancias entre 5 y 60 metros dependiendo de la categoría y tamaño del blanco.
Flecha: proyectil que se dispara mediante un arco y consiste en una vara delgada y ligera, terminada en una punta
Flecha emplumada: flecha con timones.
Flecha desnuda: flecha sin timones, utilizada para realizar la puesta a punto del arco y las flechas.
Foam: (espuma) nombre genérico dado al material sintético empleado para la construcción de las palas para arcos.

G.

Gancho: término coloquial que hace referencia a una suelta defectuosa, donde los dedos quedan "enganchados" a la cuerda.
Gap: técnica de apuntado que consiste en ir variando la distancia (en altura) entre la punta de la flecha y el blanco para compensar la trayectoria de la fecha.
Grip: parte del mango del arco desde donde lo toma el arquero. Puede ser fijo o desmontable para adaptarlo a cada arquero.

I.

ILF: o I.L.F (International Limb Fitting) sistema de fijación de las palas al riser que permite cierta regulación y presenta un alto grado de intercambiabilidad entre sus componentes. Así se pueden usar componentes de distintos fabricantes.
Instintivo: forma de tiro donde no se toman referencias conscientes en el arco o el blanco.

L.

Laminado: Superposición de capas de distintos materiales que forma las palas. También utilizado para construir los mangos o risers de madera.
Largo de tensado: Distancia entre el button y la ranura del nock de la flecha en el momento en que el arquero está en posición de anclaje.
Longbow: (o arco largo) arco con palas más o menos rectas en

los que la cuerda no apoya en la pala, solo alrededor los tips.

M.

Mango: (o riser) parte central de arco donde encontramos el grip o empuñadura. Los mangos de tiro poseen además distintos orificios roscados para colocar accesorios como la mira, los estabilizadores, distintos contrapesos y el clicker.

Mira: accesorio que ayuda a apuntar no permitido en la categoría de ARCO RASO, que utiliza la punta de la flecha para este fin.

N.

Nock: (o culatín) pieza plástica en el extremo trasero de la flecha, con la que se engancha a la cuerda, debe ajustarse correctamente a esta, para permanecer en ella durante la tensada, pero liberarse fácilmente al llegar al final del recorrido de la cuerda.

Nocking point: lugar de la cuerda donde se engancha la flecha. Se marca con uno o dos anillos metálicos o un hilo anudado, para que la flecha no se mueva durante el disparo. La ubicación de este punto es fundamental para asegurar el mejor vuelo de la flecha y está fuertemente relacionado con el tiller.

O.

Overbowed: es la circunstancia que se da cuando la fuerza del arquero apenas le alcanza para tensar el arco algunas veces.

P.

Pala: Parte flexible del arco que posee la capacidad de acumular la fuerza del arquero, para luego liberarla y acelerar la flecha. Cada arco posee dos palas, una superior y otra inferior.

Paradoja del arquero: Serie de movimientos que realiza la flecha al inicio de su recorrido, debido al impulso de la cuerda desde su extremo trasero.

Paraflechas: ver contención.

Plano Horizontal: Plano que corta el arco en forma paralela al suelo a la altura de la flecha.

Plano Vertical: Plano que divide el arco en dos en sentido

perpendicular al suelo.
POD: Es la distancia a la cual damos en el blanco cuando tomamos la cuerda debajo del nock y apuntamos con la punta de la flecha al centro.
Point-on distance: ver POD.
Punta: parte delantera de la flecha que, por su peso, asegura el vuelo recto de la flecha y permite que se clave en el blanco.
Puntera: lazo en cada extremo de la cuerda y mediante el cual se engancha al arco en las ranuras que se encuentran en el extremo de las palas o tips.
Pre-carga: Aumento de mayor proporción de la tensión en las palas cuando están en reposo o cuando comienza el tensado.
Pre-load: ver Pre-carga
Protector de brazo: accesorio que protege al brazo que sostiene el arco de un posible golpe de la cuerda.
Puesta a punto: Procesos necesarios para dejar el arco en condiciones óptimas de tiro, donde aún la flecha desnuda vuela bien.
Puesto de tiro: Zona desde la que el tirador efectuará sus disparos en competencias de Juego de Campo y 3D. Está indicado por una estaca y el tirador puede disparar detrás de la estaca dentro del metro de distancia.

R.

Raso: categoría en la que compiten arcos recurvados que no pueden tener miras ni marcas que permitan el apuntado. Ver **Capítulo 1.0**.
Recurvado: arco similar al longbow, pero con las puntas de las palas curvadas hacia adelante, formando "la recurva". De esta manera, la cuerda, cuando está en reposo, se apoya sobre la parte plana detrás de la pala, donde tiene una canaleta.
Reposaflecha: ver rest.
Rest: elemento donde apoyaremos la flecha para efectuar el disparo. El rest es una pieza clave del arco, porque tiene una función muy crítica, debe, al mismo tiempo, sostener la flecha, pero no debe interferir en su vuelo, cuando este se inicia.
Riser: ver mango.

S.

Serving: o servinado, es un hilo o tanza que se enrosca alrededor de la parte central y los extremos de la cuerda, para protegerla donde esta sufre más roce.

Servinado central: zona protegida donde el arquero tomará la cuerda para realizar el tensado y la suelta.

Spine estático: Es la rigidez o "dureza" del astil de la flecha.

Spine dinámico: "dureza" de la flecha durante el disparo. Depende del spine estático, del largo de la flecha y del peso de ambos extremos. Permite el ajuste del arco y la flecha.

Súperrecurvados: arcos con palas hechas totalmente en fibra de carbono (sin nada de fibra de vidrio), y con una recurva muy agresiva que le proveen gran eficiencia y velocidad.

Stacking: ver estaqueo.

Stringer: ver armador.

StringWalking: "caminar la cuerda", consiste en tomar la cuerda a distintas distancias por debajo del nock de la flecha, de acuerdo a la distancia del blanco. Al cambiar la distancia entre los dedos y el nock, apuntando siempre con la punta de la flecha en el centro del blanco, se va cambiando la relación entre la parte trasera de la flecha y el ojo que apunta.

Stringwalker: arquero que practica StringWalking.

T.

Tab: Es un trozo de cuero que se coloca sobre los dedos de la mano que toma la cuerda y tiene por función proteger los dedos durante el tensado y la suelta.

Tensada: Proceso de tirar de la cuerda del arco hasta el anclaje. Por analogía, la distancia que tensamos el arco.

Timones: componentes de la flecha ubicados en la parte trasera de la misma y que sirven para asegurar un vuelo más recto de la flecha. Pueden estar hechos con distintos materiales, tanto sintéticos como plástico, goma o mylar ™ como naturales, como las plumas de aves.

Tiller: Es la diferencia de potencia de cada una de las palas del arco. Su ajuste es muy importante para el correcto funciona-

miento del arco.
Tip: extremo de cada pala que está reforzado y posee una canaladura para fijar la cuerda.
Tiro en seco: cuando se dispara el arco sin flecha.
Tunning: proceso por el cual se ajustan el arco y las flechas entre sí. Generalmente se realiza disparando flechas con timones junto con flechas sin timones para comparar donde impacta cada una. También puede hacerse disparando flechas con timones a través de un papel que muestra si la flecha vuela derecha o no.

V.

Ventana de tiro: parte del mango del arco donde este se desplaza cerca o más allá del centro del arco. Allí se ubica el reposaflecha y permite que la flecha se acerque la línea central.

W

WA: World Archery, antes FITA, Federación Mundial de Tiro con Arco.
Walkback test: prueba que se realiza para controlar que las flechas vuelen en línea recta al blanco y consiste en tirar flechas a distintas distancias, manteniendo la misma mira.

Bibliografía

Libros
McKinney, R. (1996) *The Simple Art of Winning.* Tokyo, Japón. Leo Planning Inc.
Camera, A. (2010) *Shooting the Stickbow*, 2nd Edition. EE.UU.. Virtualbookworm.com Publishing Inc.
Hill, H. (1953) *Hunting the Hard Way.* EE.UU. The Derridale Press.
Frangilli, V. y M. *The Heretic Archer.* (2005) Italia. Vittorio Frangilli.
Pope S. (1923) *Hunting with Bow and Arrow.* EE.UU.
Lee K. de Bondt R. (2009) *Total Archery.* Korea. Samick Sports.
USA Archery (2013) *Archery.* EE.UU. Human Kinetics.
Karmakar, V y Whitney, T. (1992) *Mental Mechanics of Archery.* EE.UU. Center Vision.
Cockrell A. (2004) *Handbook of Modern Recurve Tunning "Start to finish."* EE.UU. Richard A. Cockrell.
Ricco, G e Nannipieri, V. (2011) *I sentieri dell'Hunter & Field.* Italia.
Kidwell R.J. (2004) *Instinctive Archery Insights: Revised Edition.* EE.UU.
Giner, F. **Guía de Puesta a Punto del Arco Recurvado**
Easton, (2002) **Puesta a Punto & Mantenimiento.**
Gall, John (1977). *Sistemantics: How Systems Work and Especially How They Fail.* Nueva York, Quadrangle.
Stonebraker, Rick, **Tunning for Tens.** (2000) EE.UU.
Stonebraker, Rick, **Tunning for Barebows.** (2018) EE.UU.
Turner J. (2015) **Controlled Process Shooting - The Science of Target Panic.** http://www.lulu.com

Artículos
Gregori J. (2007) Tir de Camp. Arc Nu. String Walking. Barcelo-

na. España.
Liu D.K. Kim, J Kim, K. (2011) **Fundamentals of the Design of Olympic Recurve Bows.** University of California, Berkeley, Korea National Sport University
Scaramuzza, V. **Apunts per l'ajustat del tiller** ARCIERI, maigjuny 2005, pg 24.
Spigarelli Sante y Codispoti Mario– (1976) **La Messa a Punto.** http://www.arcosportspigarelli.com/área-tecnica/la-messa-apunto/
WA Coach´s Manuals. **Barebow Module. Intermediate Level.**
WA Coach´s Manuals. **Standard Bow Module. Intermediate Level.**
WA Coach´s Manuals. **Recurve Bow equipment Tunning Module. Intermediate Level.**
WA Coach´s Manuals. **Entry Level - January 2015**

Páginas
Archery Talk. < http://www.archerytalk.com/vb/>
TradTalk. < http://tradtalk.com/forums/index.php>
Texas Archery < http://www.texasarchery.org/ >
Tapley J.< http://www.tap46home.plus.com/mechanics/>
Preche, J. <http://www.josepreche.com/Tiro.Arco.Material.htm>
World Archery < http://www.worldarchery.org/>
Arco Nudo Video Tutorial - by Ferruccio Berti
<https://ferruccioberti.blogspot.com.ar/>

Comunicaciones personales
Stonebraker, R; Messeger Facebook
Ferrucci, B; Messeger Facebook
Noziglia C; Messeger Facebook, E-Mail

Acerca del autor

Nacido el 13 de septiembre de 1961, en la ciudad de Bahía Blanca, Argentina, vivió casi toda su vida allí. Ingeniero Agrónomo, Productor Agropecuario y Profesor de Nivel Terciario, publicó, durante más de 20 años, centenares de notas en revistas de deportes al aire libre como "Magnum" y "El Pato" de Argentina. También publicó algunas notas en las revistas "Muzzleloader Magazine" y "The Double Gun Journal" de EE.UU.

Nacido en una familia de cazadores y tiradores, estuvo en contacto con la naturaleza y las armas desde muy chico. Su pasión por la caza lo llevó a actuar como administrador y guía de un pequeño coto de caza de la Provincia de Buenos Aires donde se cazaban ciervos axis y antílopes de la India

Hizo sus primeras experiencias con arcos en la infancia, cuando con varios primos y amigos recorrían los terrenos baldíos de un barrio residencial de Bahía Blanca, armados con improvisados arcos y flechas. Se inició formalmente en la arquería en 1981 con la compra de sus primeros arcos. Desde ese año ha venido tirando con arco informalmente y comenzó a competir en forma deportiva desde el año 2004, hasta hoy.

En el mes de junio del año 2011 comenzó a publicar una serie de notas de arquería en la revista argentina "El Pato", las que, dado el gran interés por parte de los lectores, continúan publicándose hasta la actualidad. Algunas de estas notas sirvieron de base para este y otros libros del autor.

En los últimos años, además de practicar la arquería competitiva, es instructor y ha dictado clínicas de arquería, avalado por los cursos de instructor de los que participó.

OTROS LIBROS DEL AUTOR

Guía con la información necesaria para iniciarse en el tiro con arco: competencias, estilos, arcos, flechas y accesorios. Para el experto, constituye un útil repaso del funcionamiento de los arcos y las flechas, así como algunos aspectos poco conocidos del deporte como el "stump shooting".
También incluye dos apéndices con una guía rápida para seleccionar de las flechas adecuadas y para la fabricación de algunos accesorios.

Detallado análisis de los aspectos básicos y avanzados del armado y puesta a punto del arco recurvado moderno, para obtener los mejores resultados de esta excelente herramienta deportiva. Dirigido, tanto para quienes se inician en la arquería, como para los arqueros más experimentados. Se analizarán técnicas y métodos con distintos niveles de complejidad. Dos capítulos están dedicados especialmente a la puesta a punto del arco tradicional y al arco en StringWalking.

Libro dedicado a este elemento fundamental de la arquería, que suele ser relegado a un segundo e inmerecido plano. El mejor de los arcos es inútil si las flechas son defectuosas o de mala calidad. De la misma manera, conocer nuestras flechas es fundamental para poder obtener los mejores resultados. El uso continuo va deteriorando nuestras flechas, por lo que es importante conocer la forma correcta de repararlas y realizar un adecuado mantenimiento.

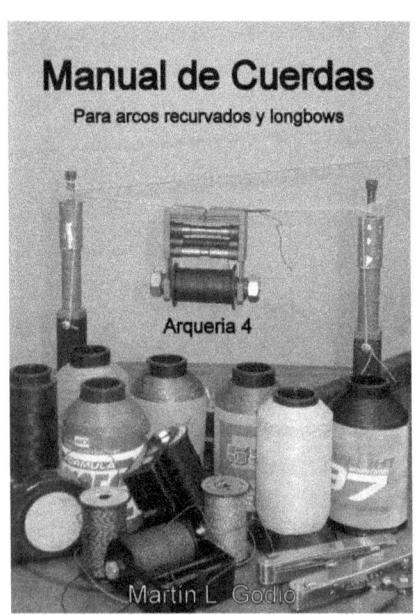

La cuerda es una pieza clave del arco y los materiales utilizados, su diseño, peso y grosor, condicionan performance del arco. En este libro encontrará toda la información necesaria para fabricar, reparar y mantener las cuerdas de arcos recurvados y longbows. Veremos aquí los materiales y sus características. La mejor forma de hacer cuerdas tradicionales, sin fin y flemish, así como macramé, y fabricación de nocking points y silenciadores.

Tarjeta auxiliar

Esta página tiene por objeto proveer una tarjeta de guía para facilitar la participación es torneos de Juego de Campo.

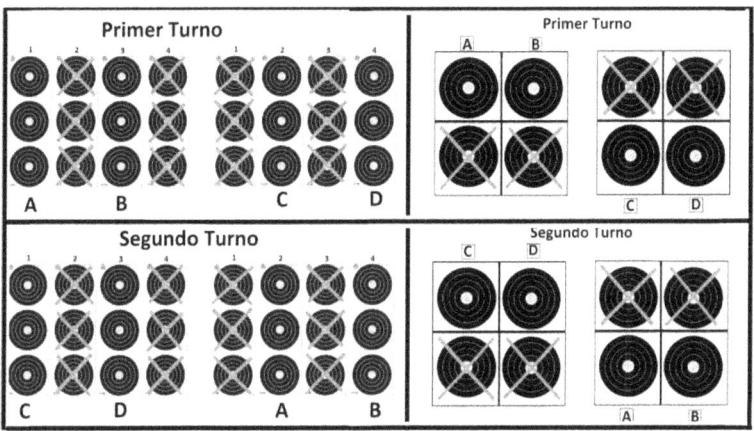

Blanco	DISTANCIAS DESCONOCIDAS			
	NARANJA	AMARILLA	AZUL	ROJA
20cm	05--07	05--10	05--10	10--15
40cm	08--10	10--15	10--20	15--25
60cm	10--12	15--25	15--30	20--35
80cm	12--18	20--35	30--45	35--55

Blanco	DISTANCIAS CONOCIDAS			
	NARANJA	AMARILLA	AZUL	ROJA
20cm	05-06-07	05-10-15	05-10-15	10-15-20
40cm	08-09-10	10-15-20	15-20-25	20-25-30
60cm	12-13-15	20-25-30	30-35-40	35-40-45
80cm	15-17-20	30-35-40	40-45-50	50-55-60

Martín Godio

www.ingramcontent.com/pod-product-compliance
Lightning Source LLC
Chambersburg PA
CBHW061301110426
42742CB00012BA/2017